了如指掌 | 探寻知识与思维的乐趣……

简·奥斯汀的钢版雕刻肖像，是《简·奥斯汀传》第一版（1870）的卷头插画，由利扎斯（Lizars）根据梅登黑德的安德鲁斯先生的画像制作。安德鲁斯的画像根据现珍藏在伦敦国家肖像馆的卡桑德拉·奥斯汀创作的水彩画绘制而成。

简·奥斯汀传：嫁给文字的女人

［英］詹姆斯·爱德华·奥斯汀－利 / 著　岳玉庆 / 译

A Memoir of Jane Austen

江西教育出版社

目录

詹姆斯·爱德华·奥斯汀—利（James Edward Austen-Leigh，1798—1874），该肖像画由R.W.查普曼（R.W.Chapman）于1926年画成。

作者简介

　　作者詹姆斯·爱德华·奥斯汀－利是简·奥斯汀的长兄詹姆斯和续弦玛丽·劳埃德生的唯一一个儿子，他出生在汉普郡的迪恩教区。1801年他两岁时，祖父从附近的史蒂文顿教区退休后去了巴斯，他的父亲便成了史蒂文顿的牧师，因此他们家也搬到了这里。这样，他和简·奥斯汀在同一所房子里度过了自己的童年和青年时代。在温彻斯特读完书后，他去了牛津大学的埃克塞特学院，1823年获得牧师资格。后来，他也像自己的祖父和父亲一样，当了一名乡村牧师。上中学时，詹姆斯就写诗，甚至开始写一部小说，还受到了简·奥斯汀的鼓励。1817年，他代表父亲参加了奥斯汀的葬礼。1836年，姑奶奶简·利·佩罗特去世，詹姆斯继承了斯卡利茨的地产，在自己的名字后面添加了"利"字。1852年，他成为布雷的教区牧师，布雷距离梅登黑德不远，他一直生活在这里，直到去世。詹姆斯是出色的猎人，1865年出版的《维恩猎区回忆录》，大获成功。于是，他在1869年春天开始创作奥斯汀回忆录，素材主要来自表妹安娜·勒弗罗伊、妹妹卡罗琳·奥斯汀和叔叔亨利·奥斯汀的回忆。

威廉·奥斯汀 = 丽贝卡·沃尔特
1701—1737　（婚前姓汉普森）

泰索·索尔·汉考克 = 费拉德尔菲亚
1775年去世　1730—1792

伊丽莎白 = （1）让·卡波·德·佛叶德
1761—1813　　1794年死于断头台

（2）亨利·奥斯汀（见下文）

黑斯廷斯·德·佛叶德
1786—1801

詹姆斯 = （1）安妮·马修 = （2）玛丽·劳埃德　　乔治
1765—1819　1795年去世　　1771—1843　　1766—1838

安娜　=　本杰明·勒弗罗伊
1793—1872　　1791—1829
著有《简姑姑
回忆录》
（1864）

詹姆斯·爱德华 = 爱玛·史密斯　　卡罗琳
1798—1874　　　　　　　1805—1880
著有《简·奥斯汀传》　　1843年继承玛丽·劳埃
（1870，1871　　　　德的日记；1845年继承
增订版）　　　　　　简·奥斯汀写给卡桑德拉
　　　　　　　　　的书信；著有《我的姑
　　　　　　　　　姑奥斯汀》（1867），
　　　　　　　　　《回忆录》（1872）

范妮·卡罗琳　（其他6
1820—1885　个子女）
著有《家史手稿》，
在杂志《圣殿关》
发表文章
（1879—1883）

玛丽·奥古斯塔　　威廉
1838—1922　　　1843—1921
著有《简·奥斯汀的　跟侄子理查德·亚瑟
私人生活》　　　合著《奥斯汀的生平
（1920）　　　和书信》（1913）

（其他8个子女）

卡桑德拉　　弗朗西斯 = （1）玛丽·吉布森
1773—1845　　1774—1865　　1823年去世
1817年继承了简·
奥斯汀的手稿和财物
（2）玛莎·劳埃德
1765—1843

约翰·哈巴克 = 凯瑟琳·安妮　　弗朗西斯·索菲亚　　其他10个
　　　　1818—1877　　　1821—1904　　子女
　　　　小说家　　　　　1865年继承了简·奥斯汀
　　　　　　　　　　写给弗朗西斯的信件

约翰·亨利
1844—1939
与女儿伊迪斯
合著《奥斯汀的海员兄弟》
（1906）

奥斯汀家谱以及生平材料继承

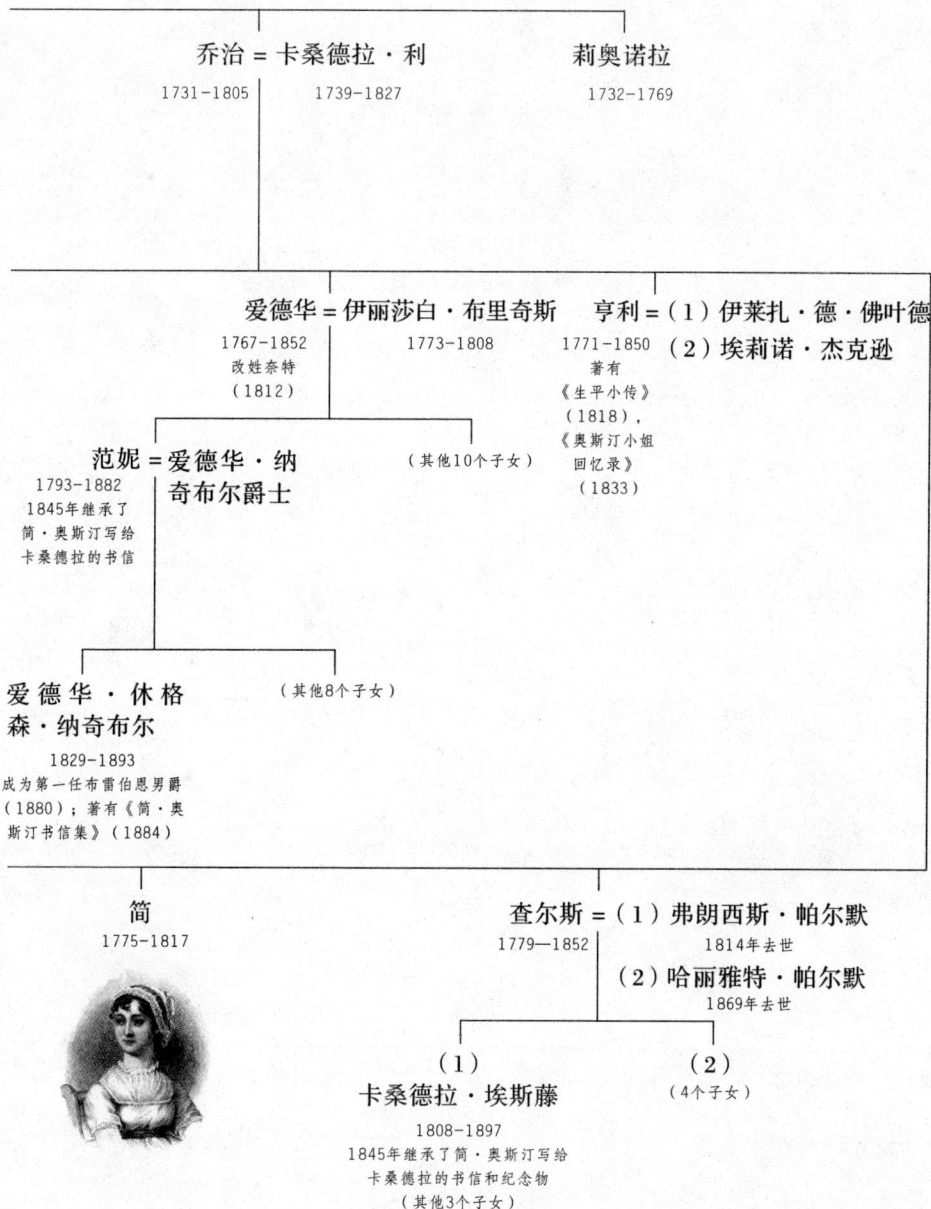

乔治 ＝ 卡桑德拉·利　　　　莉奥诺拉

1731-1805　　1739-1827　　　　1732-1769

爱德华 ＝ 伊丽莎白·布里奇斯　　亨利 ＝（1）伊莱扎·德·佛叶德

1767-1852　　　1773-1808　　　1771-1850　（2）埃莉诺·杰克逊
改姓奈特　　　　　　　　　　　　　著有
（1812）　　　　　　　　　　《生平小传》
　　　　　　　　　　　　　　　（1818），
范妮 ＝ 爱德华·纳　　　（其他10个子女）　《奥斯汀小姐
　　　奇布尔爵士　　　　　　　　　　　回忆录》
1793-1882　　　　　　　　　　　　　　（1833）
1845年继承了
简·奥斯汀写给
卡桑德拉的书信

爱德华·休格　　（其他8个子女）
森·纳奇布尔

1829-1893
成为第一任布雷伯恩男爵
（1880）；著有《简·奥
斯汀书信集》（1884）

简　　　　　　　查尔斯 ＝（1）弗朗西斯·帕尔默

1775-1817　　　1779—1852　　　1814年去世
　　　　　　　　　　　　　　（2）哈丽雅特·帕尔默
　　　　　　　　　　　　　　　　1869年去世

　　　　　　　　（1）　　　　　　（2）
　　　卡桑德拉·埃斯藤　　　（4个子女）

　　　　1808-1897
　　1845年继承了简·奥斯汀写给
　　卡桑德拉的书信和纪念物
　　　　（其他3个子女）

第一章

奥斯汀家族

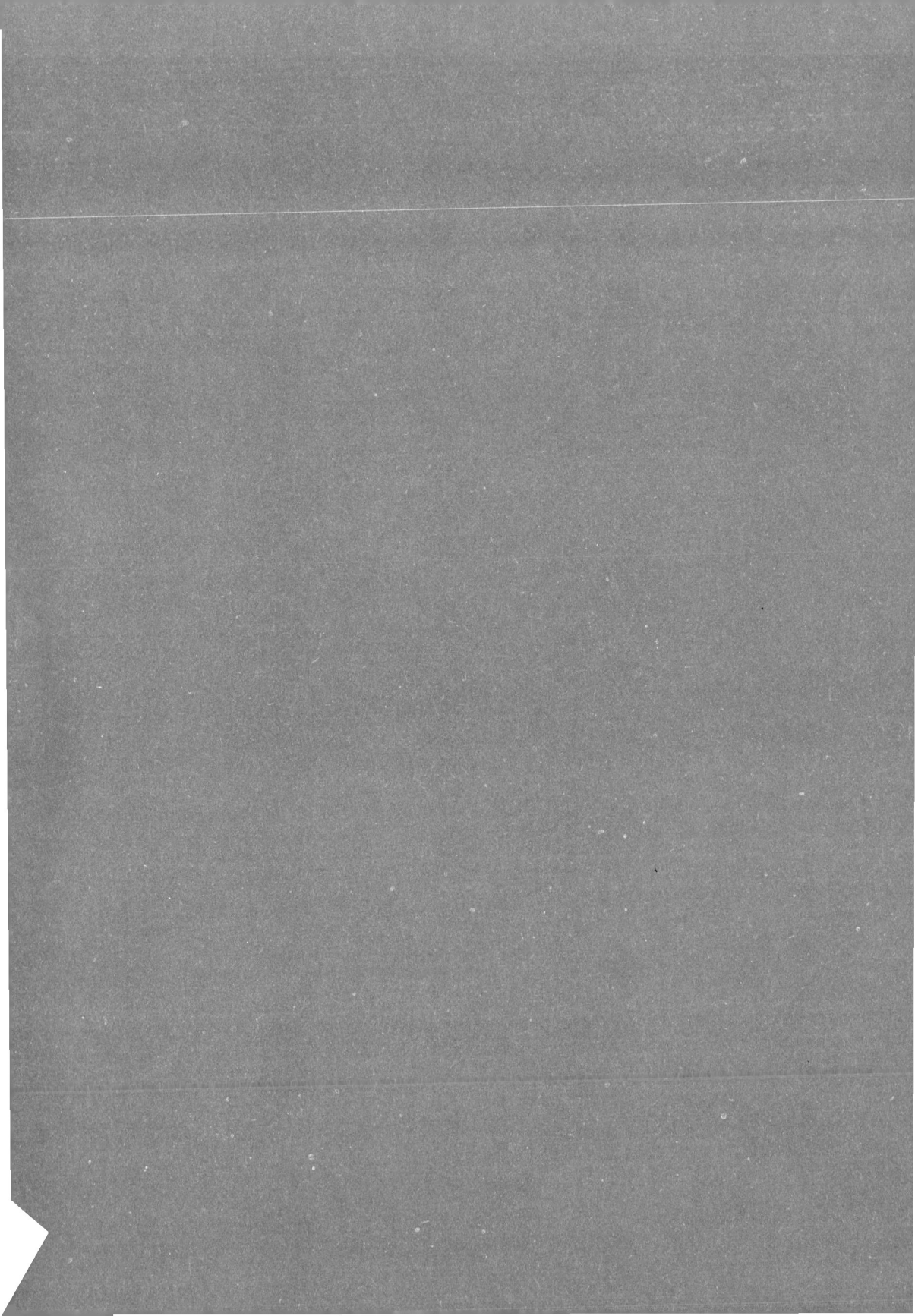

开场白—简·奥斯汀的诞生—
家庭关系—家人对她创作的影响

　　1817年，我姑姑奥斯汀的葬礼在温彻斯特大教堂举行，我是前来悼念的人中年龄
最小的一个。现在，时间已经过去了半个多世纪，我也年事已高，人们希望我还记
得姑姑生活中发生的事件或者她的性格特征，这样就可以帮助在她去世后出生的一
代读者了解她的人生际遇，铭记她的音容笑貌。她的一生可谓一帆风顺：既没有出
现什么波澜，也没有出现重大危机。甚至可以说，她生前并未获得什么声誉；在地
离开这个世界后，她身上的荣誉才熠熠生辉。她才华横溢，但是并未引起其他作家
的注意，也没有接触过文学界，她一直待在家里，默默无闻。如果让我详细描述她
的生活，我手头几乎没有什么材料。但是，说到她的为人和性格，我至今仍然记忆
犹新。如果有可能，勾勒一下这位多产作家的内心世界，也许很多人会感兴趣，因
为她通过自己的内心世界塑造了达什伍德和班内特两家人、伯特伦和伍德豪斯两家

人、索普和马斯格雷夫两家人。这些人物是很多家庭围炉夜话时的"熟人"，大家对他们的情况了如指掌，仿佛他们就是住在周围的邻居。这些人物为人正直，举止得体，充满温情，很多人想知道他们的塑造者奥斯汀是否也具备这些品质，生活中跟不同的人打交道时是否真的会表现出这些品质。在这里，我可以证明，读者最喜爱的那些人物身上的任何一种魅力，几乎都是简的温和性情与爱心的真实反映。奥斯汀姑姑去世的时候，我还是个孩子；但是，年轻时留下的印象总是深刻的，即使过了五十年，我忘记了许多东西，不过我仍然记得奥斯汀姑姑是她的侄子、侄女们的快乐之源。在我们眼中，她并不聪明，也没有名气；但是，我们都尊重她，因为她心地善良，富有同情心，而且非常风趣。对于这一切，我都是活着的见证人，不过，是否能把简身上优秀的品质讲个大概，让读者对她有所了解，我却没有十足的把握。好在有几个认识她的人还在世；既然有人相

助，我自然愿意斗胆一试。另外，我敢于承担这一任务，还因为我坚信：尽管我能讲述的可能不多，但是活着的人也没有谁比我更了解她了。

1775年12月16日，简·奥斯汀出生于汉普郡史蒂文顿的牧师之家。她的父亲是乔治·奥斯汀牧师，来自肯特郡坦特登和赛文欧克斯街区的一个古老家族。我认为，17世纪早期，他们家做的是服装生意。哈斯特德在《肯特郡史》中说："经营服装业的人拥有威尔德的大部分地产，这里古老家族的祖先几乎都从事过这种稳定的制造业，不过现在没有几个本地人熟悉了。目前，这些家族都拥有大宗地产，跻身上流社会，有些人还封官晋爵。"哈斯特德也提到了奥斯汀家族，并补充说这些服装商"通常被称为'肯特灰衣人'，他们人多势众，非常团结，遇到郡里选举，只要得到他们的支持，获得了他们的选票，几乎肯定能够当选"。奥斯汀家族仍然保留着一枚服装产地徽章，他们制服的颜色是蓝

白混合色，被称为"肯特灰"，这也是肯特郡民兵装饰带的颜色。

不到九岁时，乔治·奥斯汀先生就失去了双亲。尽管没有继承到任何财产，但是令他欣慰的是，他有一位好心的叔叔——弗朗西斯·奥斯汀。奥斯汀先生是坦布里奇的一位成功律师，是基平顿（Kippington）奥斯汀家族的祖先。弗朗西斯自己也有子女需要抚养，但还是慷慨资助了他孤苦伶仃的侄子。因此，

乔治在坦布里奇学校受到了良好的教育，还获得了奖学金，后来在牛津大学圣约翰学院也获得了奖学金。1764年，他获得了汉普郡的迪恩和史蒂文顿的两栋相邻的教区住宅。第一栋是慷慨的叔叔为他买下的，第二栋是他的表兄弟奈特先生赠给他的。根据当时的观点，这算不上身兼两个圣职，因为这两个村庄相距不过一英里出头，两村的人口加起来也不超过三百人。同年，他与托马

斯·利牧师的小女儿卡桑德拉结婚。托马斯来自沃里克郡的利氏家族，曾经是牛津大学万灵学院的研究员，一直在哈普斯登担任牧师，这里与泰晤士河畔的亨利镇相距不远。托马斯·利先生是西奥菲勒斯·利博士的弟弟。西奥菲勒斯活到九十岁，开启了一个漫长的属于自己的时代，他担任贝利奥尔学院院长的时间超过了半个世纪。西奥菲勒斯是牛津大学的名流，但是让他出名的与其说是他的事业，毋宁说是他幽默、俏皮、尖刻的讲话风格。他经常调侃自己的寿命远远超过了人们的预期。西奥菲勒斯是基督圣体学院的研究员，在选举贝利奥尔学院的院长时，人们无法达成一致意见，于是便选举他当院长。这在一定程度上是因为他们认为西奥菲勒斯健康状况不佳，很快就会离岗而去。后来有人说，他之所以能够长期担任此职，是上天对学院委员会选择非本院人士担任院长的惩罚。我认为，最近刚刚拆掉的面向宽街的贝利奥尔学院围墙，一定是在他担任院长期间修建的，或者至少他

在任期间修复过，因为他的盾形纹章就放在最靠近三一学院大门那个角落的飞檐下面。最近一次翻修已经毁掉了这一纹章，因此"纪念物本身也需要纪念"。

这位老者言谈机智、逗人开心，他的名声不胫而走，传到了牛津大学以外。斯雷尔（Thrale）先生在给约翰逊博士的信中这样写道："你认识贝利奥尔学院的院长利先生吗？他已经八十六岁高寿，但是你难道不欣赏他的潇洒举止和青春活力吗？有人告诉利先生，枢密院议员们近来吵过一次架，大法在官敲击桌子时用力过猛，结果桌子四分五裂，他听说这件事后发表的高见一语双关，实在是无人能出其右。院长先生是这样回答的：'不对，不对。说他劈裂会议桌，我难以置信；但是，说他分裂与会议员，我确信无疑。'"

家里也流传着西奥菲勒斯的一些隽言妙语。有一次，他造访一个从不读书的学者，此人把他领进一个房间，指着窗外颇为傲慢地说："博士，这就是我研究学问

的房间。"凭窗俯首望去，只见巴斯大街开阔通达，三教九流，络绎不绝。西奥菲勒斯环顾房内，却没见到一本书的影子，于是回答："先生，说得不错，教皇曾有言：'要研究人类，尚须以人为本'。"我父亲去牛津时，曾荣幸地应邀跟这位尊贵的长辈一起进餐。他当时初入大学之门，尚未适应牛津的种种习惯，因此感觉校袍十分笨重不便，我要把它脱下来的时候，这位年逾八十的长辈连忙严肃地笑了笑说："年轻人，不必脱衣，我们又不是打架。"这种幽默一直伴随着他，长盛不衰，而且他最后还亲身阐释了教皇的圣言："最强的情感，死时亦不减损。"就在他离世前三天，获悉一位老友靠吃鸡蛋治愈了顽疾，最近做了新郎，而且有人打趣说，他是受人怂恿才步入了婚姻的殿堂，他马上开玩笑说："那就希望婚姻不会让他成为怂（尿）蛋吧。"我不清楚，这位贝利奥尔学院的院长，还有晚辈简·奥斯汀和家族的其他人，是从哪位先辈身上继承了这种强烈的幽默感。

乔治·奥斯汀夫妇起初在迪恩居住，后来搬到了史蒂文顿，在这里生活了差不多三十年。他们结婚伊始，便开始照顾一个小孩。这个小孩是赫赫有名的沃伦·黑斯廷斯的儿子，在他们结婚之前就被托付给他们了，中间人很可能是奥斯汀先生的妹妹汉考克太太，因为她丈夫远赴印度后就在黑斯廷斯手下任职。格莱格先生在《黑斯廷斯传》中说，黑斯廷斯的儿子乔治是他和前妻所生，1761年送到英国接受教育，但是他始终不清楚自己的宝贝儿子交给了谁，也不知道他后来的情况。我从家人口中得知，这个孩子很早就死于坏疽性咽炎。奥斯汀太太对他感情至深，待他如同己出，因此小乔治的夭折让她伤心欲绝。

这一时期，玛丽·拉塞尔·米特福德的祖父拉塞尔先生担任相邻教区阿什（Ashe）的牧师，因此这两位颇有人气的女作家肯定是老熟人。

我写的是大约一百年前的事情，因此我认为有必要讲述一下社会风俗和习惯方面的变化。这也许是小事一桩，但是如同岁月能让酒更加醇香，这些变化同样也能赋予小事独特的意义。最平常的物件，如果长期埋藏地下，一旦挖掘出土，就会引起人们的兴趣。我们祖辈的一言一行，即使不比我们每天说的或做的更加高明，也会让我们充满好奇。我们这一代人也许意识不到，很多日用品在今天看来是理所当然的东西，但是爷爷奶奶那辈人却闻所未闻。很久以来，迪恩和史蒂文顿之间的收费车道就一直非常平坦，但是1771年乔治举家搬迁时走的却是一条马车道，车辙很深，一辆轻便马车都很难通行。他们的家用物品都装在一辆马车上，奥斯汀太太身体不好，坐在车中软家具上面铺的羽毛垫子上。那个年代，遇到葬礼或者婚礼等特殊场合，经常会请一些人用铁锨和镐头把马车道上的车辙和大坑填平。当时，即便是人们心目中有头有脸的人物也还未摆脱愚昧，说话也难免粗俗。一位家财万贯的乡绅问了奥斯汀太太一个问题："到底是巴黎在法兰西，还是法兰西在巴黎？

这类事情你了如指掌，一定要告诉我们啊。我妻子一直在喋喋不休地跟我争论这个问题呢。"这位先生还讲述了他听到的教区牧师和妻子之间的一段对话，并且模仿牧师妻子对她的丈夫大爆粗口。这位乡绅的女儿见状连忙提醒他，奥斯汀太太从来不说脏字，让他赶紧好好说话。他回答说："得了，贝蒂，你为啥无缘无故地劝我？这完全是两码事。你也知道，我只不过是这么讲故事罢了。"最近，一位知名作家让人们注意到了一个现象：两个世纪前，英国的神职人员比不上世俗之人。如果拿乡村的神职人员跟乡绅相比，这种指责无疑是真实的，因为这些乡绅进入议会后融入伦敦的社交圈子，在几个郡范围内成了领头人物。但是，平心而论，如果拿乡村神职人员跟与他们经常打交道的农民来比，情况就不一样了。那些很少离开自己家乡的小地主——这里既包括拥有上千亩地的地主，也包括耕种世袭下来的一两百亩地的自耕农——构成了一个庞大的阶层，他们都是自己教区的贵族。这个小地主阶层和比他们高一档次的乡绅之间的差别很大。在文明进步的过程中，所有阶层的人都会有所进步，不过下层人进步得会更明显一些。这是一个"提升"的过程，也可以说是后浪推前浪的"排齐"过程。《哈姆雷特》中提过"三年来已经注意到农民的脚趾头已经靠近了朝臣的脚后跟"这一现象。这可能是莎士比亚对自己所处的时代的讽刺，也证实了社会的进步。我相信，一个世纪之前，大多数乡村教区的进步都始于神职人员。在那个年代，如果一个教区的牧师既是绅士又是学者，那么他获取消息的速度和礼节方面就要胜过主要的教区居民，于是就成了一个高尚优雅、彬彬有礼的核心人物。

奥斯汀先生年轻时帅气又潇洒，老了仍然仪表堂堂。在牛津大学任职那年，人们称他为"英俊的学监"。在巴斯时，他已经七十多岁了，尽管满头白发，却依然神采奕奕，吸引了很多人的目光。他身为出色的学者，把两个儿子培养成了大学生；他在指导其他子女学习的同时，还招收学生以增加收入。

奥斯汀太太的才华，很多都传承到了女儿简身上，当然其他子女也继承了她的一些聪明才智。她才识过人，想象力丰富，无论是写作还是谈话，都机智巧妙，恰到好处。跟这个家族的其他人一样，她也很长寿，活到了耄耋之年。在生命的最后岁月，她一直遭受疾病之苦，依然很乐观。有一次，她对我说："嗬，亲爱的，你把我放沙发上，我就不挪窝儿，一直待在沙发上。有的时候，我想上帝肯定是把我给忘了；不过，我敢说，他会在适当的时候来召唤我的。"1827年1月，她过世了，葬在了查顿（Chawton），享年八十八岁。

对简·奥斯汀而言，家庭太重要了，其他人则不太紧要。因此，有必要简单提一下她的兄弟姐妹，让大家了解主要是这些人以及他们的职业或多或少地影响了她的作品。当然，让大家了解一些涉及隐私的人物和事件，并不是我的初衷。

简的长兄詹姆斯就是我的父亲，他在

牛津大学圣约翰学院读书时还非常年轻，是周报《闲散人》（*The Loiterer*）的创办人。这份报纸有模仿《旁观者》及其后续刊物之嫌，不过主题几乎都跟牛津大学有关。后来，父亲并不太重视这份报纸的工作，当然他有权这么做，因为无论那些文章水平如何，最好的文章都出自他的笔下。他广泛阅读英国文学，品位高雅，无论是创作散文还是诗歌都得心应手，信手拈来。他比简大十岁，我认为他在指导简读书和品位培养方面起了很大的作用。

简的二哥爱德华长期跟家人分离，因为他很早就被远亲奈特先生收养。奈特先生在肯特郡拥有戈德默舍姆庄园和汉普郡的查顿庄园。后来，爱德华继承了这两处房产，并且改姓奈特。不过，尽管他们兄妹二人小时候分开生活，长大后却经常在一起，因此简非常关爱二哥和他的子女。二哥奈特先生不仅和蔼可亲，亲切宽容，而且风趣活泼，年轻人都很喜欢他。

简的三哥亨利口才很好，继承了父亲热心、乐观的脾性。他是一个令人开心的伙伴，不过他的目标不够坚定，因此在事业方面不如自己的兄弟那么成功。步入中年后，他当起了牧师。后面，简的一封书信中将会提到他布道的情况。有一段时间，他住在伦敦，顺便帮妹妹打理出书事宜。

简的两个兄弟弗朗西斯和查尔斯，都是英国海军辉煌时期的军人。当时，如果没有赫赫战功，一个军官不可能永远都在海上，但是这兄弟俩却一直都在海军服役。两个人一直参加大大小小的战役，凭借胜利步步高升。两人都荣膺上将军衔，把军旗插到了遥远的国度。

弗朗西斯于1865年去世，享年九十三岁，获得了巴斯勋位大十字勋章。他性格坚毅，具有强烈的责任感，对己对人都是如此，所以他是个严格遵守纪律的人。同时，他又是个基督徒，据说（当时，这至少非常引人注目）他对自己要求非常严格，从未说过一个脏字，也不允许别人当着他的面说脏话。有一次，他下船来到一个海滨小城，人们称他为"在教堂下跪的军官"。如果放到现在，这种做法当然不足为奇。

查尔斯主要是在护卫舰或者单桅帆船上服役，任务是封锁港口，把敌人的战舰驱逐上岸，登陆敌人炮艇等，因此经常会获得嘉奖。他离开英国为国效力，一晃就是七年。1840年，他指挥柏勒洛丰号炮击圣女贞德号。1850年，他指挥黑斯廷斯号出海，负责东印度和中国的英国军官居住地，但是缅甸战争爆发后，他把旗帜转移到了一艘单桅蒸汽帆船上，想沿着伊洛瓦底江逆流而上，结果到了1852年，他在船上死于霍乱，享年七十四岁。跟姐姐简一样，查尔斯也很温和，富有亲和力，因此无论是家人，还是麾下的军官及普通士兵，都很爱戴他。一位目睹他离世的军人留下了这样的记录："我们尊敬的上将一边跟疾病斗争，一边在江上履行自己作为英国海军总司令的职责。他的温和善良，赢得了大家的心。他的去世，让整个舰队都沉浸在悲伤之中。"印度总督达尔豪西勋爵的枢密令这样写道："对上将坚定不移的崇高精神深怀钦佩之情——尽管他年事已高、病痛缠身，但是这种精神让他历经考验，坚守岗位，直至生命的终结。"

与其他人相比，我对简的这两个兄弟着墨较多，这是因为他们光辉的经历让简喜欢上了海军，因此她愿意描写海军，而且写起来游刃有余。她总是小心翼翼，避开自己不太熟悉的问题。她从未涉及政治、法律或者医学类的题材，有些小说家贸然触及这些领域，大概都写得华丽有余、准确不足。不过，简写起轮船和水手却驾轻就熟，或者至少可以说，她总是可以让自己的哥哥来批评斧正。个人认为，无论是《曼斯菲尔德庄园》还是《劝导》，这两部作品中她对航海的描述都无懈可击。

但是，跟简最贴心的还是比她大三岁的姐姐卡桑德拉。她们的姐妹情谊很少能有人超越。或许，这种情谊源于简对心地善良的姐姐那种天生的敬意。而且，这种深厚情谊，在简长大之后也没有改变。就算简沉浸在事业蒸蒸日上的喜悦中，谈及姐姐时，也仍然说她比自己更聪明、更优秀。童年时代，家人安排卡桑德拉去雷丁的福伯里（Forbury）读书，这是拉托内尔

夫人办的一所学校。妹妹简也跟姐姐一同前往。其实简还没到上学的年纪，只是她无法忍受跟姐姐分离的痛苦，所以两个人只好一起去上学。她妈妈这样说："如果有人要砍掉卡桑德拉的脑袋，简也甘愿与姐姐共赴黄泉。"这种深深的依恋从未削弱或者终止。她们俩住在同一个屋檐下，睡同一个卧室，直到生命的最后一刻，她们都不曾分开。姐妹两个其实不太一样，相比之下，卡桑德拉更冷静沉稳，总是小心谨慎，有良好的判断力，她不如简那么感情外露，那么活泼。简的家人说："卡桑德拉的长处是永远能够控制自己的脾气，但是简却永远不需要控制自己的脾气。"《理智与情感》出版后，有些对简一家人略知一二的人便推断说，简是想用达什伍德家的两位大小姐代表自己和姐姐，但其实不然。卡桑德拉的性格也许可以代表埃莉诺的"理智"，但是简的性格与玛丽安娜的"情感"则没有多少共同之处。这位不到二十岁的小姑娘能够把玛丽安娜·达什伍德的缺点看得一清二楚，自

已身上不太可能有这些缺点。

　　这就是简·奥斯汀生活的小圈子，但是随着四个兄弟成家立业、养育子女，小圈子越来越大，简从中找到了有益身心的快乐、责任和兴趣。在生命的最后十年，她很少走出这个圈子去接触社会。这个家族蕴含着许多令人愉悦和着迷的东西，因此如果他们有些太专注自我，也许是情有可原的。他们在彼此身上，发现有太多的东西值得去爱、去尊重和钦佩。一家人说起话来，气氛十分活跃，哪怕谈论小事，也从不会出现分歧，因为他们没有争吵或者辩论的习惯。总之，一家人感情深厚，团结一心，总是不离不弃，除非有人过世。毋庸置疑，这一切都对简的小说创作产生了影响：在她的小说中，家庭就是个小舞台，故事会一直围绕着几个人物展开。

　　另外，尽管简的社交圈很小，但是她发现周围的人都品位高雅，很有修养。

　　其实，简小说中塑造的角色——无论是议员、大地主，还是年轻的牧师和家境同样好的年轻海军军官——都来自她熟悉的那个阶层。我认为，她早期的人际交往产生的影响都在她的作品中有迹可循，在两个方面特别明显。第一，不像有些令人反胃的小说，她没有追求低俗，没有把重点放在财富或者官爵的外在附属者身上，仿佛她对此完全不熟悉。第二，至于高贵的生活和卑微的生活，她几乎都没怎么涉及。她描写的最底层的人物就是斯蒂尔斯小姐、埃尔顿太太和约翰·索普，他们品位低下，缺乏教养，这样的人有时也会混迹于上流社会。她的笔下完全没有布朗顿夫妇（Brangtons）或者达布斯特（Dubster）先生及其朋友汤姆·希克斯（Tom Hicks）一类的角色，而达巴雷夫人（Madame D'Arblay）则喜欢用这些人物为小说增加趣味，与有教养之人形成鲜明对比。

第二章

关于史蒂文顿

描述史蒂文顿—史蒂文顿的生活—
上个世纪的习惯和风俗的变化

　　简·奥斯汀人生的前二十五年，是在史蒂文顿的牧师宅邸度过的，这段时间超过她短暂一生的一半时间，因此我认为有必要描述一下这个地方。史蒂文顿是一个小村庄，坐落在汉普郡北部白垩山上一个蜿蜒曲折的山谷里，这里距离贝辛斯托克镇大约七英里。西南铁路从一段很短的筑堤上打这里穿过，如果乘火车环绕下行，在距离波帕姆信号塔下的隧道入口大约三英里处，从左侧望出去会看到史蒂文顿的全貌。一些户外活动者可能对这里比较熟悉，因为这里是瓦因猎场（Vine Hunt）最好的一部分。这片乡村肯定算不上风景如画，也没有壮观的景象或开阔的视野，地貌虽不平坦却小巧精致。地势忽高忽低，山峰不险，峡谷也不深；尽管覆盖着大片的树林和灌木树篱，但是土壤贫瘠，树木长得并不高大。这地方虽没什么特别，不过也有它的迷人之处。一条条的小路顺势左弯右拐，两边是不规则的天然草皮，通向令人赏心悦目的远方。有个熟悉这里、热爱这里的人曾赋诗一首，描写它的静谧之美：

真正的审美，不会因为可能
不符合纯净美丽的创作规则，
挑剔或拒绝那些简单的风景，
数不尽的风景填满了一页页
大自然的素描簿。

史蒂文顿这片乡村，略显平淡，但是这里地势起伏，树木繁茂，肯定也算得上一个美丽的地方。然而，简的母亲在即将结婚之际，看到自己未来的家，却认为这里的风景缺乏魅力，因为在她位于泰晤士河上的亨利镇（Henley-upon-Thames）附近的家乡，河流宽阔，山谷丰饶，群山巍峨，美不胜收。所以，她认为史蒂文顿的景色不美也是可以理解的。

牧师宅邸坐落在一个浅谷里，周围是草地斜坡，四处长满榆树。这个村庄由一栋栋小房子构成，房子点缀在道路的两旁，每栋房子都有一个花园。简家的房子就位于村庄的尽头。房子很宽敞，能够容纳日益增多的家庭成员，还能招收学生，在当时看来，应该胜过普通的牧师宅邸。但是，那些房间不如现在大多数普通住房装饰得漂亮。墙壁和天花板的连接处没有飞檐；支撑房屋上层的横梁伸到下面的房间里，露出赤裸裸的原木，木头上就涂了一层油漆或者石灰水。因此，人们都觉得这样的房子不配让教区长一家人住，大约在四十五年前，这栋房子就拆掉了，随后在山谷对面修建了条件更好的一栋新房子。

迪恩通往波帕姆巷的路，从房子的北边经过，跟房子的前墙有一段距离，所以修了一条马车通道，一直穿过草地和树林。房子的南边，地势渐高，有一座老式的花园，里面既种蔬菜，也种鲜花；右边是一堵乡下常见的起保护作用的草顶泥墙，上面有榆树遮挡。花园的上边，也就是南边，是一个绿草茵茵的陡坡。简描写凯瑟琳·莫兰开心地"沿着房子后面的绿草坡向下滚动"时，一定想起了这个陡坡。

史蒂文顿最美的地方是它的灌木篱笆。在这片乡村，灌木篱笆不是稀稀落落的一道树篱，而是一个不规则的边界，由灌木和树组成，中间经常会有一条蜿蜒曲折的小径或者是简陋的马车道。人们偶尔会在篱笆下面发现最早开放的报春花、银莲花和野风信子；有时，还会看到第一个鸟巢；也许还能碰到一条不受欢迎的蝰蛇。从史蒂文顿伸展出两道这样的灌木篱笆，也可以说就是从牧师宅邸的花园延伸出来的。一道从绿草坡向西，构成家庭草地的南部边界，也形成一片乡村灌木林，里面散落几张座椅，被命名为"林荫路"。另一道篱笆直接沿山坡而上，名叫"教堂路"，因为它通向教区教堂；也可以沿路走到一栋漂亮的亨利三世时期的老庄园。庄园里住着迪格威德一家人，他们租住这栋房子一百多年了，还租了教区

的主要农场。那座教堂，当时在任的牧师没有对其进行修缮，看起来就是：

> 一座没有尖塔的神殿，
> 坐落在绿荫小路的上方。

小教堂在普通人眼中，也许简陋无趣；但是教堂建筑的行家打眼一看，就知道它已经有大约七百年的历史，无论是小型圣坛的整体比例，还是早期的英格兰窄窗，都洋溢着一种美感。这里位置偏僻，远离村庄的喧嚣，看不到居民的住所，透过四周的洋桐枫树屏障，可以瞥见那栋灰色的庄园住宅。一种肃穆的氛围油然而生，作为逝者最后的安息之地非常合适。南墙下芳香的紫罗兰，有紫色，也有白色，长得枝繁叶茂。这些小花在这个静谧和煦的角落已经生长了多少个世纪？现在有多少个家庭能拥有这么一块古老的土地？人们禁不住会发出这样的感慨。高大的榆树探出一根根粗犷的树枝，老山楂树每年都会把花

史蒂文顿牧师的住宅。

瓣撒在坟墓上，空心的紫杉树至少也与教堂同龄。

但是，不管周围的风景美还是不美，这就是简·奥斯汀生活了二十五年的地方，这就是天才的摇篮。这里的景色，让她年轻的心早早体会到了大自然的美。沿着林荫道漫步，她的内心就会浮想联翩，这些想法渐渐成形，呈现到世人面前。在那座简陋的教堂里，她把所有的想法都化为一种虔诚，而这种虔诚在她生活中是主宰，在她死亡时又给予她力量。

奥斯汀一家在史蒂文顿生活多年，一定很快乐，很兴旺。家里没有亲人去世，因此很少感到悲伤。除了普通牧师宅邸的优势之外，他们还拥有一些独特的优势。史蒂文顿的宅邸很适合家庭生活。奈特先生是赞助人，也是几乎整个教区的所有人。但是，他从不在此居住，因此在这里，牧师和他的子女就被看作奈特一家的代表。他们跟主要租客共同掌管这座上等的庄园，因此奥斯汀家族获得了土地主人般的尊重。他们并不富有，但是奥斯汀先生教授学生也有些进项，因此他们有钱让儿女接受良好的教育，能够跻身当地的上流社会，也能款待亲朋好友。他们拥有一辆马车和几匹马，如果放到现在，这也许意味着一种高雅的生活方式，但是在他们那个时代则不然。当时，还不征收估定税。马车一旦买下，将来也不需要多少费用。马匹很可能就像贝内特先生家的一样，常常用来干农活。另外，应该记住，那个时候，如果女士们想出去走走，至少需要两匹马拉车。因为，就当时的路况和马车的制造技术而言，不可能出现一匹马拉的舒适马车。看看上个世纪留下的几辆马车，我们就不难看出马车有多么笨重，设计者从不考虑这样的马车坐起来会有多么不舒服。

他们家跟两位表亲爱德华·库珀和简·库珀交往密切，这两位是奥斯汀夫人的大姐和库珀先生的子女。库珀先生是距离雷丁不远的松宁教区的牧师。库珀一家在巴斯生活过几年，当时退休后的神职人员似乎都经常去巴斯。我认为，卡桑德拉和简有时会去巴斯看望他们一家人，因此简对巴斯的地形和风俗都非常熟悉，所以在她到这里定居之前很久就写出了《诺桑觉寺》。库珀夫妇去世时，他们的两个孩子年龄都还不大。后来，这两个孩子经常会去史蒂文顿长住。爱德华·库珀也是赫赫有名的人物。1791年，在牛津大学读本科时，他凭借《霍图斯·安格利克斯》（*Hortus Anglicus*）获得了拉丁六部格诗歌奖。后来，他出版了一本关于预言的著作《危机》，以及其他宗教作品，由此声名大震。特别是他的几卷布道词，在我年轻时的很多讲道坛上都经常使用。简·库珀从史蒂文顿姨夫家嫁给了舰长托马斯·威廉姆斯，后来托马斯荣膺爵士。查尔斯·奥斯汀曾经在托马斯手下效力。两个叫简的女孩子成了莫逆之交，但是命运无常，简·库珀结婚几年后，遭遇马车事故撒手人寰，这让简·奥斯汀痛苦万分。

在史蒂文顿，还有一位亲戚跟奥斯汀家族交往甚密，也肯定为他们一家带来了新鲜的东西。这个人就是奥斯汀先生唯一的姐妹、汉考克太太的女儿伊丽莎白。她曾经在巴黎接受教育，嫁给了佛叶德伯爵（Count de Feuillide）。关于这位伯爵，我听说他在法国大革命中死在了断头台上，其他则一无所知。也许，他的主要罪名是官衔。但是，据说处决他的罪名是"缺乏公民义务"，理由是他把一些耕地变成了草地，试图制造饥荒，刁难共和政府！他的妻子历尽艰难险阻，逃回英国，住在舅舅家里，最后嫁给了表弟亨利·奥斯汀。亚眠出现了短暂的和平，于是她和第二任丈夫便前往法国，希望能拿回伯爵的部分财产，结果差点沦为囚犯。波拿巴政府已经下令拘捕英国游客，但是在各个驿站到处都下达过抓捕命令，亨利·奥斯汀夫人假装法国人，她的法语讲得太完美了，被当作法国人，她的丈夫也因此逃

过一劫。

伊丽莎白聪明伶俐，很有成就，追求法国时尚，而不是英国时尚；当时因为战争，英国跟欧洲大陆的交往长期中断，这样的人物在乡村牧师宅邸里极为罕见。奥斯汀姐妹能够掌握那么多的法语知识，可能更多的是依仗这位表姐，而不是单凭拉·图尼尔夫人的教导。家里几次进行业余戏剧演出，她都担任主要角色。夏季，演出把地点设在谷仓，冬季则搬到狭窄的餐厅，戏剧的开场白和收场白都是由简的长兄撰写，有些写得铿锵有力、逗人发笑。演戏初期，简只有十二岁，演出末期她也不过十五岁。然而，简很早就善于观察，这些娱乐活动能引发她的思考，因此也许可以断定，在《曼斯菲尔德庄园》的戏剧演出中，那些刻画出色的事件和情感都与此有关。

在他们离开史蒂文顿之前，家里发生了一件令人痛心的事。卡桑德拉订婚准备嫁给一位年轻的牧师。牧师手头的

钱不够，不能马上办理婚事。但是，婚约不可能黄掉，也不可能长期拖下去，因为他有望获得一位贵族的早日提拔；这位贵族是他的发小儿，两人私交甚笃。他便陪这位朋友去了西印度群岛，担当团里的牧师，结果死于黄热病。这一不幸事件让他的贵族朋友和保护人非常焦心。后来，他声称，如果知道朋友有婚约在先，就不会让他前往这样的气候环境了。这一悲剧给卡桑德拉造成了永恒的心灵创伤，给大家的心里也蒙上了一层阴影。简年纪尚小，跟姐姐感情深厚，因此在所有人中，她可能是最感同身受的人。

至于简本人，我没有如此明确的爱情故事可以讲。1821年1月的《季度评论》上有位批评家谈到范妮·普赖斯对埃德蒙·贝特伦的依恋时说："这种感情默默地藏在心里，以微薄的希望和快乐作为支撑，让原本积极、满足和从不猜忌的心充满骚动与嫉妒，让每件事、每个想法都受到影响，而这一切都描绘得非常生动细致。这种生动和细致只有一个女性才能写得出来，而且应该说是一个女性凭借记忆才能写出来的。"这种猜测，无论看起来可能性有多大，其实都离题甚远。生动的描绘来自天才的直觉观察，并非个人的经历。在生活的境遇方面，简跟《曼斯菲尔德庄园》的女主角之间没有任何相似之处。在生活中，简永远都被温暖情怀包围着。年轻时，她拒绝了一位绅士的求爱，这个人性格和人缘都很好，也有社会地位，总之集各种优点于一身，但是就是无法用微妙的方式触动她的心弦。然而，简的确经历过一件浪漫的事，遗憾的是我了解得不太清楚，无法说清姓名、日期和地点。在简去世多年后，有些事情让她的姐姐卡桑德拉一改往日的缄默，谈起了这件事。她说，事情发生在一个靠海的地方，她们认识了一位绅士，他的外表、内心和举止都充满魅力，卡桑德拉认为这样的男子值得拥有，感觉他有可能赢得妹妹的爱。分别之际，他表示希望能尽快再次见到她们姐妹。卡桑德拉对他的动机心知肚明。但是，他们却再也没有见面。不久，姐妹俩就听说他突然过世了。我认为，如果简曾经爱过的话，那她爱的就是这个不知姓名的绅士。但是，他们相识的时间很短，我无法说清楚简的感受是否从本质上影响到了她的幸福。

在我出生后不久，奥斯汀家族就从史蒂文顿搬走了。尽管如此，我的描述还是会比凭空想象的好一点。毋庸置疑，如果看看那个时期神职人员和小乡绅的家，会发现一些让我们感到陌生的东西，也会怀念更多我们熟悉的东西。每个百年——特别是上个世纪——在财富、舒适、品位以及布置房屋的机械艺术方面都会有长足进步，因此肯定会给人们的生活带来极大的变化。这些变化一刻也没有停止，只是我们没有注意到而已。沿着人生的长河顺流而下，人们很快就会忘记留在身后的那些小物件。正如蒲伯所言：

生命之河不会驻足停留，稍事观察；
它奔涌向前，无视路途。

蒸汽、煤气和电的应用等重要发明也许会永载史册，但是，像餐厅和客厅布置的变化，即使变化很大，也不会写进历史。现在，谁能记录在我年轻时，大家一起用餐的时候邀请彼此喝酒的风俗已经过时了多久？二十年后，谁能确定从什么时候开始餐肉由仆人切开后分给用餐者，而不是直接摆在桌上热气腾腾地熏鼻子呛眼？要记录这样的小事，的确是为了"记载琐屑，以显其要"。但是，在这本简短的回忆录中，请允许我记录一些细节以反映历史的变迁，因为如果让历史学家重新梳理这些变化恐怕会困难重重。

当时的餐桌从外观上看，远远没有今天的富丽堂皇，桌上最好放置固体食物，不适合摆放鲜花、水果和装饰品。桌上的金银餐具也不多。因为晚餐吃得早，所以不需要烛台。当时银质叉子还没有普及，所以人们都用很宽的圆头餐刀。

当时的食物很普通，不过也算丰盛可口。跟今天不同的是，每家吃的都很不一样，因为家庭菜谱都受到尊重。厨艺不凡的老奶奶因擅长某道菜而名噪一方，她的厨艺会传给下一代，影响很多代人的饮食习惯。

父母出类拔萃是一大宗遗产。

一家人会为自己拥有火腿感到骄傲，另一家人则为能吃上野味感到自豪，而第三家人最拿手的则是上等的牛奶麦片粥或者艾菊布丁。人们主要喝的是啤酒和自制的葡萄酒，尤其是蜂蜜酒。蔬菜不够丰富，种类也少。也吃土豆，但不像现在的人吃得这么多；当时人们都认为土豆只能跟烤肉一起吃。在不到一百年前，有一个房客的妻子在史蒂文顿牧师宅邸受到款待，对她而言，土豆还是新

鲜玩意儿。奥斯汀太太建议她也在自己的花园里种植土豆，她回答说："不，不，对你们绅士阶层来说，非常适合，但是种植土豆肯定费用很高吧。"

另一个更大的差别是家具，现在我们会觉得当时的家具少得可怜。那时，客厅、卧室和走廊普遍都不铺地毯。钢琴，准确地说是小型竖琴或者大键琴，不是必需之物，只有在酷爱音乐的人家或者能放开台球桌的大房子里才能见到，不过当时的人没有现代人这么喜欢音乐。很多人家里通常只有一个沙发，而且也是硬邦邦的很不舒服。没有可以深深陷下去的那种舒服的椅子，也没有躺椅，只有老人或者病人才需要这种椅子。据说，有位贵族，是乔治三世的私交，也是当时的模范绅士，乘坐马车在欧洲旅行时，坐的椅子都是没有靠背的。最让我们感到吃惊的是，现在客厅桌子上摆放的那些漂亮的装饰物，在当时根本没有。那时候应该看不到滑门书柜和画架、信件称重机和信封盒、期

刊和带插图的报纸，尤其是无数的相册，现在这玩意儿已经多得摆不下了。过去，年轻的女士只能拿出一个小写字台，带一个更小的工具箱或者网兜，然后放在大桌子上使用。家庭用的大工具箱，尽管经常拿到客厅使用，但是通常都放在壁橱里。

当时的乡下，跳舞比现在更为流行，这似乎是一种自发活动，仿佛是自然而然产生的，对于音乐、灯光和舞池也没有严格要求。冬季，很多乡村小镇会每月举行一次舞会。有时，同一套房既是舞厅，也是茶室。晚宴结束的时候，人们会即兴在地毯上翩翩起舞，用大键琴或小提琴伴奏。跳舞是为了给年轻人提供娱乐机会，但是很多不再年轻的人也会加入舞者的行列。毫无疑问，简也很喜欢跳舞，因为她最喜欢的女主角都有这种雅兴。在她的大部分作品中，总会提到大型或者私人舞会。

很多与当时的舞厅有关的记忆渐渐被人遗忘。在简参加舞会之前，整个晚

上每位女士只限一个舞伴的野蛮规则肯定已经被废除了。然而，必须注意，这种游戏规则从某个方面讲对跳舞的先生有利，因为这就会给他一个机会，第二天上午，他必须拜访自己唯一的舞伴，这样就方便多了，因为他必须：

> 漫山遍野地奔跑，
> 去看望昨夜的舞伴，
> 谦恭地希望她没有感冒。

但是，庄严的小步舞曲仍然非常流行，每个正规的舞会都以它开场。它舒缓、严肃，表现的是优雅和尊贵，并非欢乐。跳舞的时候需要舞者多次正式鞠躬、行屈膝礼，从容不迫地向前、向后、向侧面迈步，穿插很多复杂的旋转。一位女士和先生跳舞时，周围的观众有的赞赏，有的挑刺。在小步舞曲兴起早期和鼎盛时期，正如查尔斯·格兰迪森爵士和夫人在自己的婚礼上为来宾翩翩起舞时那样，先生要手持一把正装

剑，女士手握一把长度相仿的扇子。艾迪生这样描述："像男子持剑一样，女士持扇，有时魅力会更大。"（参见《观察者》第102期《论扇子舞》。佩剑是当时绅士的一种习惯，需要从小培养。）持剑舞扇的优美姿势被视为是良好教养的检验标准。笨拙的舞者有可能忙中出错，比如，把剑伸到自己的两腿之间，发生险情。扇子如果到了笨人手中，舞起来不是装饰，而是累赘；到了行家手里，则轻盈潇洒，人扇合一，独具魅力。不是谁都有资格进行这种公开展示，我听说，那些打算跳小步舞曲的女士，为了让自己与众不同，常常在头饰上放一种垂片。我还听说过另一件好玩的事情，可以证明这种舞蹈的确受人们重视。要跳这种舞蹈，手套必须干干净净，一尘不染，而跳乡村舞蹈，略有污渍的手套也可以接受。于是，一些精明的女士为了应付不同的场合，会事先准备两副手套。上个世纪，小步舞曲就不再流行了，但是在它退出公开场合很久之后，男孩和女孩还要学习这种舞蹈，因为这有助于培养他们优雅的姿态。

人们偶尔也跳角笛舞、沙龙舞和里尔舞。但是，晚上跳的主要是冗长的乡村舞，因为每个人都能跳。这种对面舞能带来很多快乐，但也会惹出麻烦。女士和男士面对面排成两排，隔开一段距离，对男女双方而言，要想调情或者说点逗趣的话就没有那么方便了。到底谁站在谁的前头，特别是谁有特权喊出舞步、领舞，有时不免会产生异议，引发嫉妒和不满。如果领舞的一对男女过早地放弃责任，没有耐心沿着整个队伍从头到尾地跳，排在队伍末端的人就会非常生气。令人感到欣慰的是，这些让人愠怒的理由已经不复存在，在现代舞厅里，如果人们心里产生嫉妒、抵触和不满等情绪，一定是由更隐秘的原因引发的。

我想再用一点篇幅讲讲个人习惯方面的差异。当时，需要用人负责和作决定的事情很少，需要男女主人作的或者监督的事情更多一些。另外，我认为大家都知道，一百年前的女主人除了要调制家酿的葡萄酒、蒸馏药草作为家庭用药之外，还需要亲自下厨烹制高档饭菜，这些差不多都属于同一种技艺。女主人也乐于纺制家用亚麻布。有些夫人还喜欢在早餐或者喝茶后亲手洗刷精致瓷器。我孩提时代读过的一本书中，提到一位绅士的女儿，她妈妈教导她要先整理好床铺再离开卧室。并不是因为家里没有用人帮着料理这些事情，而是因为她们对这样的家务感兴趣。必须记住，那一代人的很多兴趣活动都把女士拒之门外，或者偶有开放。酷爱文学或者科学的女士只占少数，懂音乐的女士并不常见，会画画的女士更是少见。她们坐着时，主要忙于各种各样的针线活儿。

但是，年轻一代是否同样清楚当时的绅士亲自做多少事情？我持怀疑态度。另外，我说出的一些东西肯定会让他们感到惊讶。与现在相比，我年轻时大家更重视两个普通的谚语：一个是"马要养得壮，主人多照看"，另一个是"要想自己满意，必须亲自动手"。有些绅士喜欢园艺，所有的研究工作和部分体力劳动都由他们亲自完成。我认识的一些衣着讲究的年轻男子，外套是由伦敦的裁缝制作的，他们总是自己刷晚礼服，不会交给粗枝大叶的用人，因为怕在厨房染上尘土和油渍。因为那时，在神职人员和农村小乡绅的家里，用人专用的餐客厅并不常见。因此，凯瑟琳·莫兰看到诺桑觉寺富丽堂皇的办公室后，自然要跟她父亲牧师住宅里的几个不像样的餐具室进行对比。如果一名年轻男子旅行时的行李由用人负责打包或者拆包，那么他在人们心目中要么是特别优秀，要么是特别懒惰。叔叔教我学习射击，第一堂课是怎样擦枪。白天打猎后晚上提着灯去马厩把马侍候好，是一种值得称道的做法。这在当时的意义更大，因为在1820年前后开始剪毛之前，要想让长毛猎马保持清洁并不容易，而且人们很少能做得完美。当然，如果家里有猎场看护、马夫和训练有素的用人，这样的事情就不必亲自动手。但是，也有很多绅士会亲自照顾马匹，他们拥有同样身份的子孙后代听说"事情竟然如此"后，可能会备感惊讶。

以上内容，是以我年轻时的耳闻目睹为素材写的。当然，这些可能不具有普遍性。这些细节在不同的时期会有所不同，而且随着时间逐渐变化。上面讲述的内容，我也不能冒昧地说有多少描述了简·奥斯汀年轻时在史蒂文顿的家庭生活。我敢肯定，当时的女士跟炖锅或者酱锅的秘密没有关系；但是，那时的生活方式跟我们的可能略有不同，而且我们会觉得当时的生活更为简单。还有一种情况，现在在客厅制作的日用品，当时可能要在老式会客室缝边、贴签、补缀。但是，这一切讲的都是外在的生活。跟现在一样，当时也同样注重心灵的修养和提升，有客造访可能更讲

究礼貌和礼节。在那样的家庭中，并没有忽略对文学的追求。

我只听说过两件小事与现代风俗不同。第一，在打猎出发的早晨，青年男子通常要在厨房迅速吃完早餐，也许是由于猎犬很早就要聚到一起的原因。这种风俗可能在男子们小时候就开始了，因为他们年龄不大就要开始狩猎，骑着小马或者驴子，如果弄不到坐骑就步行出发。曾经听说，弗朗西斯·奥斯汀爵士七岁时，花了一个半几尼买了一匹小马，当然肯定事先得到了父亲的同意；在安安稳稳地骑了两个季节之后，又顺利出手，还赚了一个几尼。

大家可能想知道这个孩子哪里来的那么多钱，买一匹马怎么那么便宜。同一个知情人告诉我，他的第一套布料西装是用一件猩红色衣服改作的，根据当时的式样判断，这件衣服肯定是他妈妈的晨礼服。如果一切属实，这位英国舰队未来的上将在狩猎场一定是出尽了风头。

另外一个特殊的情况是，当时的路面很脏，简姐妹二人长时间散步要穿木套鞋。这种防水和防尘的鞋子现在已经很少看到。少数保留下来的只是用人干活时穿的，上流社会已经弃之不用了，但是一百五十年前的诗歌还对其大加称颂，认为这是一种巧妙的发明。因此，约翰·盖伊在诗歌《琐事》中，认为这是一位神灵因迷恋一个尘世少女而得到灵感发明的，而且还指出了木套鞋（patten）这一名称来自帕蒂：

> 每个朴素的少女都穿着木套鞋，
> 木鞋子的名称来自蓝眼睛的帕蒂。

但是，很早以前少女们就抛弃了这种笨拙的鞋子。首先，去掉了铁环，改为木底鞋，后来又把鞋变小，成了容易弯曲的胶套鞋——这样穿起来更轻便，护脚效果也更好。这种逐步改进丝毫不亚于威廉·考珀所说的沙发，他用了八十行诗把"漂亮舒服的沙发"追溯到最初的三条腿的凳子。

为了进一步说明木套鞋的用途，在此引用一首短诗，这首诗是奥斯汀的舅舅雷·佩罗特先生在报纸上看到富特上尉和帕藤小姐结婚时写的：

> 木套鞋指引你，踏上人生的坎坷小径，
> 希望你能安全、快乐地蹒跚前行；
> 希望鞋扣永不松开，铁环不会走歪斜，
> 希望富特不会发现帕藤是木套鞋。

简·奥斯汀住在史蒂文顿的时候，邻居们都在做一种活计，但是现在早就没人做了，因此在这里应该记录一下。

到本世纪初，贫穷的妇女觉得织亚麻线或者纺毛线有利可图。这种工作比编草绳更容易，因为在家里就可以进行，而且也不需要经常在村子里换地方，还避免了扎堆聊天传播流言蜚语的麻烦。她们使用一种狭长的木质机器，放在腿上，一端是一个大轮子，另一端是纺锤，亚麻线或者羊毛线松松地缠在上面，轮子和纺锤之间由一圈线绳连接。她们用一只手转动轮子，另一只手纺线。双臂外展，一只脚前伸，身体来回摆动，姿势舒展大方，尽显女工的优雅和美丽。有些女士喜欢纺线，但是干活时更为安静，坐在一台类似坦布里奇木器的小型刷漆木头机器旁边，通常用脚踩动机器，手边准备一盆水，纺线时起湿润作用，有时她们直接使用唾液润湿纺线。我记得自己家里就有两个这样的漂亮小轮子。

手工织布是女性最早掌握的技艺之一，可以追溯到古代，歌谣和童话故事中经常会提到。"纺织女"（spinster）一词仍然证明织布是英国年轻女子的普通工作。修女被粗鲁的伯爵赶走时，也要去织布；伯爵会说"去织布，你们这些女人，去织布"。罗马主妇和希腊公主也组织侍女和用人做这样的工作。命运三女神通过织布测量人的生命之线，因此异教徒的神话也赞美织布。《圣经》里是这样赞美织布的：头脑聪明的女人，把手工织的布送到旷野修建圣所。还有一个古老的英国谚语把这种手艺追溯到了"亚当挖洞，夏娃织布"的远古时期。但是，这种历史悠久的家庭手工业终于在我们这个时代消失了——压垮它的是蒸汽动力，取代它的是无数的纺纱机。我还记得木质纺织机在史蒂文顿的村舍中为占得一席之地而做的最后挣扎。

奥斯汀时期，不少女性开始关注知识、科学和艺术。油画，庚斯博罗作。

第三章

早期创作的开端

早期文章—阿什的朋友——
一封信件—勒弗罗伊夫人去世的亲笔信

对于奥斯汀的童年，我了解得不多。她的母亲依照惯例，把婴儿托付给村子里的农家照料，在当时这种做法比较常见，不过今天我们会觉得有些奇怪。每天，奥斯汀的父母或者其中的一人会过去看看她，有时养母也会把孩子送回牧师宅邸。但是，那栋农家小屋就是孩子的家，必须住到一定的年龄，直到能够到处跑、会说话为止。我知道，其中有个孩子后来说起自己的养母，常常称呼她"母喂"（Movie），这是他儿时对养母的称呼。当时的牧师宅邸和最好的村舍差别并不明显，前者不够豪华，后者也不太脏乱。所以，这种寄养的做法非常有益身心，孩子们都长得健康强壮，而简可能也是这么寄养长大的。在她的童年时期，每个教育机会都得到了充分利用。根据当时的看法，她可以说受到了良好的教育，虽然算不上多才多艺，但是在家里跟受过教育、有才华的人交往，肯定也耳濡目染，使自己的智力得到了提升。毋庸置疑，因为家庭幸福，父母宠爱，交往广泛，所以简的早年生活是快乐的、幸福的，充满了活力。此外，她的生活很快乐，还因为她已经才华初露，开始文学创作。她究竟是从几岁开始创作的，这很难说清。现存的习字帖包含一些故事，这肯定是简小时候创作的，到她十六岁的时候，这些故事的数量就已经相当可观了。最早创作的故事，结构脆弱，情节安排不够周密，没有多大意义，但是故事中也蕴含着灵气。这些故事，开篇通常是献辞，故作正经地献给她的某个家人。看起来，简年少时期并未避开那个时期流行的夸张献辞。也许这些早期作品最显著的特征就是，无论故事主题有多稚气，却总是用纯粹、简单的英语表达，没有年轻作家常有的那种过于花哨的写作风格。下面引用简年轻时的一部作品，说明她不断为家人带来的短暂欢乐。

神　秘

一部未完成的喜剧

献给乔治·奥斯汀牧师

先生，我谦卑地恳请您光临观赏本部喜剧。尽管尚未完成，但是我自信它跟其他喜剧一样，是一部完整的神秘剧。

先生，我是您最谦恭的仆人，

作者

神秘，一部喜剧

剧中人物

男性角色

艾略特上校

老哈姆巴格

哈姆巴格

爱德华·斯潘格尔

科里登

女性角色

范尼·艾略特

哈姆巴格夫人

达芙妮

绘有简·奥斯汀小说插图的明信片。

Put even the plainest woman
into a beautiful dress
and unconsciously she
try to live up to it.
— Lady Duff Gordon

第一幕

第一场　花园

科里登上。

科里登：嘘！有人打断我了。（科里登下。）

老哈姆巴格和儿子说着话，上场。

老哈姆：就是出于那个原因，我希望你听我的劝告。你相信我的建议是合理的吗？

小哈姆：相信，先生。我肯定会按您指点的去做。

老哈姆：那我们回家吧。（下。）

第二场　哈姆巴格家的客厅

哈姆巴格夫人和范尼正忙于活计。

哈姆夫人：你明白我说的吗，亲爱的？

范尼：明白，夫人。请您继续讲下去。

哈姆夫人：唉，快讲完了，这个话题我没有更多要说的了。

范尼：啊，达芙妮来了。

达芙妮上。

达芙妮：尊敬的哈姆巴格太太，您好啊？噢，范尼，一切都结束了。

范尼：真的吗！

哈姆夫人：听你这样说，我真感到遗憾。

范尼：那么，没有意义了，我当时——

达芙妮：完全没有。

哈姆夫人：那……谁会怎么样呢？

达芙妮：哦！都解决了。（对哈姆夫人耳语。）

范尼：是怎么解决的？

达芙妮：我会告诉你的。（对范尼耳语。）

哈姆夫人：他会……

达芙妮：我会把我知道的都告诉你们。（对哈姆夫人和范尼耳语。）

范尼：喔，我都明白了，我要走了。

哈姆夫人：我也要走了。（下。）

第三场

幕启，爱德华·斯潘格尔爵士优雅地躺在沙发上，睡着了。

艾略特上校上。

艾上校：我女儿不在这里，我明白。爱德华爵士躺在那边。我该把秘密告诉他吗？不，他肯定会说漏嘴。不过，他睡着了，听不到我说话——所以我冒险试试。（走到爱德华爵士身边，对他耳语，然后退下。）

第一幕结束

完

下面这段话是简的一个侄女说的，我们从中可以看出简有一种成熟的想法，即渴望早日养成写作习惯：

随着我的成长，我的姑姑更加认真地跟我谈读书和娱乐的问题。我很早就开始写诗和故事，写好后就读给她听，现在想起来都不好意思，给她添了那么多麻烦。她非常有耐心，总是赞扬我，但是最后她提醒我，不要在这方面花太多时间。我现在仍然记忆犹新：她说自己清楚写故事是很好的娱乐活动，而且也没有害处，尽管她也知道很多人不这么认为。但是，在我这个年龄，把时间过多地用于写作并没有好处。后来，应该是她去了温彻斯特之后，她还写信给我，大意是说如果我接受她的建议，就应该停止写作，到十六岁再开始写。她自己就经常想在我这个岁数时应该多读书、少写作。

简去世时，她的这个侄女刚刚十二岁，她的这番话似乎表明，我前面提到的那些故事，至少其中的一部分，都是在简童年时完成的。

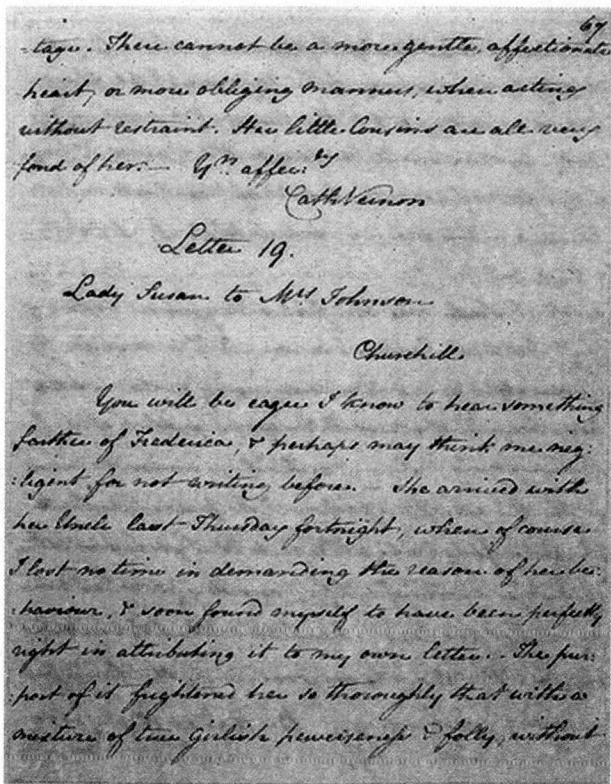

从写作这些不成熟的作品，到后来创作传世名作，中间还穿插着一个时期，在此期间简不断进步，写出了一些颇有价值的故事，只不过她认为都不值得发表。在此准备期，她的思想正朝着一个截然不同的方向发展，直到最终定型。这些故事并没有忠实地表现人的本性，而是诙谐作品，讽刺那些她在各种愚蠢的传奇故事中遇到的不可信的事件和夸张的情绪。这种想象力在《诺桑觉寺》中就可以找到，但是不久她就放弃了这类作品的写作。看起来，她似乎首先注意到了应该避免的错误，然后便停笔不写，认真考虑如何朝正确的方向施展本领。她的家人拒绝出版她早期的作品，我认为是正确的。对于沃尔特·司各特早期在边疆的游历，肖特里德先生简洁地评价说：“当时他是在磨炼自己；但是，他也许并不知道自己在做什么，直到多年以后才明白。我敢说，起初他没有什么想法，只是觉得奇妙好玩而已。”因此，简·奥斯汀也在以一种更为谦恭的方式“磨炼自己”，并没考虑将来是否能出名，她只是喜欢这种“奇妙好玩”的感觉。因此，把她这一早期的历程公之于众是不公平的，就好比戏剧开始之前就把幕后发生的一切暴露在观众眼前一样。

然而，正是在史蒂文顿，奥斯汀为自己一举成名奠定了真正的基础。在这里，年纪轻轻的她就写出了部分最为成功的作品；一个年轻的姑娘竟然能对人物的性格有如此的洞察力，对他们的言谈举止观察得如此细致入微，让人们颇感意外。《傲慢与偏见》不是她最早开始写的，但却是她最早完成的，而在一些人看来，这是她最为出色的小说。她1796年10月开始动笔，当时简还不到二十一岁；在1797年8月完成，用了大约十个月的时间。当时，原本打算使用的书名是《第一印象》。第一部作品完成之后，1797年11月她马上开始写《理智与情感》。但是，她在此之前就完成了一部在情节和人物方面与此类似的小说——《埃莉诺与玛丽安娜》。如果这部更早期的作品的大部分能得以保留——这是很有可能的——它肯定是简奉献给世人的最早作品。而《诺桑觉寺》直到1803年才准备出版，但是肯定在1798年就开始创作了。

勒弗罗伊夫妇和他们的家人，是奥斯汀一家最重要的邻居。勒弗罗伊先生是附近阿什教区的牧师；勒弗罗伊夫人是埃格顿·布里奇斯爵士的姐姐。我们很感激这位爵士，他最早对简·奥斯汀进行了评价。在自传中，他谈到去阿什探亲时这样写道："勒弗罗伊家最近的邻居是史蒂文顿的奥斯汀一家。我记得小说家简·奥斯汀小时候的情景。她跟勒弗罗伊夫人非常熟，也得到过她的许多鼓励。她母亲原来是一位姓利的小姐，而母亲的祖母是第一任钱多斯公爵的妹妹。奥斯汀先生来自肯特郡的一个家庭，几个支系定居在肯特的威尔德地区，现在有一些亲属仍然住在那里。刚认识简·奥斯汀的时候，我从未想到她会是作家；但是我发现，她美丽端庄，苗条优雅，面颊有点丰满。"人们也许希望埃格顿爵士能把更多的精力放在回忆录上，多写写简·奥斯汀，但是他酷爱家谱研究，转而研究简的曾祖母和祖先了。这位曾祖母在家谱中的名字是玛丽·布里奇斯，是钱多斯勋爵的女儿，1698年在威斯敏斯特教堂嫁给了阿德尔斯特拉普（Addlestrop）的西奥菲勒斯·利。年轻时，她曾经收到过一封令人好奇的信，对她进行劝告和责备，信是由她的母亲从君士坦丁堡寄来的。当时，玛丽，或者叫"波尔"，跟外祖母伯纳德夫人留在英国，而外祖母似乎非常富裕，对外孙女宠爱有加。这封信将转引于此。任何一份两百年前的真实文件，肯定都会有让人感兴趣的地方。这份文件值得关注，不仅仅因为它是有地位的女士写信时使用的家常语言的标本，也因为其中包含着深刻的道理。尽管表达方式有所不同，但是良好的判断力和正确的理财原则在十七世纪和十九世纪都是一样的。

亲爱的波尔：

你委托表兄罗伯特·塞尔莱转交的信4月27日方才到达。等到了期盼已久的佳音，获悉我至爱的妈妈及亲戚朋友身体都很健康，我们顿感心情愉悦；祈求上帝继续赐健康予诸位。你附给妹妹贝蒂书信一封，从中能察觉那种世上最伟大的母亲和祖母的非凡善意（我真的可以如此说），为使你过得安好，她宁愿委屈自己，故而我钦佩之至，她给予你那么多生活费用，还能以我知悉的速度增加财富。我自当郑重提醒你，在有生之年，无论境遇如何，你都必须对她毕恭毕敬，感恩戴德，唯命是从。我要让你知悉，你能在世上享受幸福生活，都源于她最大程度的慷慨和照料。你对她构成莫大负担，故理应通晓事理，一生小心从事，让她生活幸福安康。按上帝的要求，对她最好的报答概莫于此。然而，波尔！我虽略感难过，但必须注意并责备你给妹妹信中的虚浮之词，关于生活费用你说"你将竭力量入为出"。对此我并不反对，你的生活费用如此宽裕，假如你仍然身陷债务，那必是莫大憾事。你为自己的决定所列理由，我不敢苟同，你说自己"不能花费更多"，只是储备不多而已，否则也会大手大脚。因此，你免于奢侈，缘于外祖母判断准确，而非自己之故，这一点在信尾表露无遗：从自己手中有所节余，纯属

奢望。但以我之见，与从自己钱包贴补中节省以备不时之需相比，倾囊而出更是十倍之罪过。孩子，我们都知晓自己的开始，但谁知晓自己的结局？故应趁天尚未阴雨，彻彼桑土，绸缪牖户。年轻女子能早日勤俭节约，实属明辨是非，善莫大焉。无论是年轻还是嫁做人妻，你母亲每年的开支从未超过四十镑，如果你不想让自己的声名差于母亲，则无须抱怨，想必你也清楚我的财富跟你所期望之间的差异。你同样应考虑自己有七个兄弟姐妹，同为一人之子女，希望自己的服饰超越他人，的确有悖常理。你不应误判父亲的财力，认为他能供给每人四十镑；此零用贴补，外加饮食费用，每年至少高达五百镑，这足以让你父亲难以承受。此外，假如你和外祖母来投奔我们，一家之中有不少于七个侍女，这岂不荒唐？你基于何种理由，认为你的姐妹不能像你一样拥有一位侍女？你或许会抽取自己的贴补支付侍女工钱，却无视添加侍女为父亲造

成的额外负担。如果你不图慕虚荣拥有侍女，就应该像你之前所了解的，让侍女侍奉伟大的外祖母。年纪轻轻就拥有侍女，你会变得更加愚昧，上帝不容！

波尔，你居住之地富足奢华，但是切勿受尘世欢乐的诱惑，忘记或忽视虔诚基督徒的责任是装扮自己的灵魂，这样才会让上帝最为满意。我并不反对你打扮利落得体，这也符合你父亲的女儿的身份。然而，过度打扮，追求时髦，绝不符合你的经济状况，不但无法为你增光添彩，还会让所有理性之人对财富多于自己的女人退避三舍。如此花钱，是否明智，自己判断！此外，假设陌生客人登门拜访，目睹外祖母、母亲和众姐妹都一身朴素，唯独你一身俗气，此情此景，何其怪异！你明白，那些无所事事却愚蠢地炫耀自己好运之人，都是什么货色。如此高调地给姐妹写信，是否想过会产生何种后果？她们要么嫉妒你，要么对我们喋喋不休。你必须知悉，我们从未向妹妹们提供每年二十

镑的生活费用，然而她们的服饰从未让自己或者我们蒙羞；而且，不但没有招致贪心的责难，她们尚有稍许节余。身为姐姐，希望你能成为楷模，而不是诱惑她们偏离外祖母和母亲的人生方向。想说的话尚有许多，但是相信你是温顺、负责的孩子，因此已经说得太多。我一路走来，历经艰难险阻，因此禁不住要千思百虑，为各种事件做好思想准备。上帝怎么对待我们，难以预料，因此我必须把事情向上帝和你尽可能讲清楚，我每天都会向上帝祷告，请求他让你铭记母亲对你发自肺腑的劝告。我使用的英语极为直白，但是我衷心地爱你，如同爱每一个孩子，希望你对此勿存疑虑。如你诚心诚意为上帝效劳，走好自己的路，我在此承诺：我的善意一定会如你所愿。你要相信，我此番文字的唯一目的，就是真正为你考虑，希望能促进你的学业，日日夜夜给你更多关爱。

亲爱的波尔，

你慈祥的母亲

伊莱扎·钱多斯

1686年5月6日

写于加拉塔的培拉

附：我和你父亲向你送去我们的祝福，还有你所有兄弟姐妹的问候。向我的蔡尔德兄妹以及所有堂表兄弟姐妹转达我们衷心的问候。见到沃斯特夫人和豪兰兹表弟，也请转达我最衷心的问候。

这封信表明，当时已经开始通过贸易发财致富。与有些贵族拮据的境况形成鲜明对比，玛丽·布里奇斯的"穷爸爸"是英格兰国王派驻君士坦丁堡的大使，家里必须厉行节约。生活在"富足奢华"中的外祖母是一位土耳其商人的太太。但是，当时的情况和现在似乎一样——地位显赫就能够招来财富。

在阿什，简还认识了勒弗罗伊家

的另一个人，几个月前我开始写回忆录时此人仍活在世上。他就是托马斯·勒弗罗伊阁下，后来的爱尔兰首席法官。七十多年前，这两位优秀的年轻人相识，密切相处了一段时间，后来分道扬镳，再也没有见过面。两人注定在不同的领域都有所建树，托马斯比简多活了半个多世纪，在耄耋之年回忆起这位早期的伙伴时说：简非常令人钦佩，认识她的人很难把她忘怀。

勒弗罗伊夫人也是一位杰出的人物。她心地善良，才华横溢，容貌出众，言谈举止充满魅力，因此走到哪儿都会引人注目。她为人热情，对聪明活泼的年轻姑娘特别有吸引力。1804年12月16日，简的生日这一天，勒弗罗伊夫人坠马身亡。四年后，简三十三岁时，写了下面这首悼亡诗。这里引用这首诗，并非因为写得多么出色，而是为表明勒弗罗伊夫人给简留下的印象有多深刻、多持久。

纪念勒弗罗伊夫人

1

这一天又到了，我的生日；
顿时，我的心里百感交集！
亲爱的朋友，转瞬已四年，
自打你从我们的眼前消失。

2

这一天是对我出生的纪念，
带给我生命、光明和希望，
我想起了你离世的那一刻。
唉！回忆多么痛苦和悲伤！

3

天使般的女人！无须赞扬，
用语言难以描述你的价值、
性情、思想、才华和风采，
你是全人类的朋友和珍宝。

4

来吧，幻想，任性的力量；

希望就是绝望，冰冷严酷：
请珍惜吧，这短暂的一刻，
让我看到她，就如同当初。

5

我看见她满脸灿烂的笑容，
热切的关爱，甜美的口音，
曼妙的腔调，美丽的容颜，
亲切的表情里透露着宁静。

6

听！不只声音，还有理性、
天赋、品位和心灵的柔和：
内心的真正热情毫不矫饰，
她纯洁的思想，无与伦比。

7

她说话了！口若悬河，
优美动听；口才出众，
但从不辩解恶行粉饰罪恶：
她说话辩论都站在善的一边。

8

她真诚的心灵，充满活力；
她的基督精神，从不虚假，
她安慰疏导、启迪和鼓舞，
要么送快乐，要么除悲伤。

9

还有什么东西让这更美好？
她从最初对我的偏爱，
让一切皆圆满：再看一眼
她爱的微笑！幻梦已破灭。

10

结束了，尘世已无缘再见。
幻想对坟墓的欺骗太短暂。
唉！真希望前往极乐世界，
在未来的家，与天使相见。

11

希望我的命运能与你结合，
从我们尘世时日的关联中，
找出吉祥的征兆。我放纵

无害的弱点；理性请宽容。

对感情丰富、想象力活跃的青年人而言，失去第一个家通常会备感伤心。获悉七十岁的父亲已经决定把史蒂文顿牧师之职交给长子，继而携妻女搬往巴斯，简感到很难过。父亲作决定时，简正好不在家；而且，父亲总是迅速作决定，并很快就去执行，所以简几乎没有时间去适应这一变化。

有时，有人希望公开一些简·奥斯汀的信件。本书将会提供一些完整的信件和摘录；但是，读者不要期望太高。至于语言的准确性，可能会不做任何改正就付梓印刷。风格很清晰，通常都很轻松愉快，始终闪烁着一种幽默的光芒。但是，有人可能会认为这些信件的内容意义不大，只涉及家庭生活的细节。信件内容不包含政治或者公共事件；也很少探讨文学或者其他大家普遍感兴趣的话题。可以说，就像小鸟用附近的材料——树枝和苔藓——

筑起的巢，都是用最简单的东西打造而成。

简的书信很少写年份，也很少签教名；但是，要确定日期非常容易，要么通过邮戳，要么通过内容。下面这两封信是我见过的她的最早信件，都写于1800年11月。当时，她家还没有从史蒂文顿搬走。一些相同的情况，在两封信中都会提及。第一封信是写给姐姐卡桑德拉的，她当时跟哥哥爱德华在肯特郡的戈德默舍姆庄园居住。

亲爱的卡桑德拉：

谢谢你及时回复我的前两封信，特别感谢你讲述的夏洛特·格雷厄姆和她的表妹哈丽雅特·贝利的趣闻，我和母亲都很开心。如果这件有趣的事有什么进展，希望你能告诉我们。我先说两个消息，然后再说自己的事情。玛丽非常渴望通过丘特先生的免费邮寄特权给你写信，结果竟然忘得一干二净，但是不久会有她写信的。父亲希望爱德华给他寄一份啤酒花价格备忘录。桌子已经到了，总体还满意。我没有料到我们三个都那么喜欢，而且对如何布置意见也一致。但是，除了桌面，其他地方都不够光滑。两端拼在一起，就是一张多用途的大桌子。桌面中心罩在玻璃下面，非常漂亮，能够放置很多东西，看起来也不笨拙。桌上覆盖着绿色台面呢，让人看着就特别喜欢。折叠桌搬到了餐具柜旁边，母亲很开心地把自己的钱和文件锁在了里面。原先在此放置的小桌搬进了最好的卧室。我们只缺餐具食橱了，还没有打好，所以没法运回来。这个话题就此打住，现在谈一个性质非常不同的话题。厄尔·哈伍德给家人带来了麻烦，也成了街坊们的谈资。不过，目前就这件事而言，他太不幸了，但没有过错。

大约十天之前，在马尔库警卫室，他扣动手枪的扳机，碰巧射穿了大腿。岛上的两位年轻苏格兰医生礼貌地建议他立刻把腿截掉，但是厄尔没有同意。

于是，人们把受伤的他放到一艘快艇上，送到了戈斯波特（Gosport）的哈斯拉尔医院，取出了子弹。目前，他仍然在医院里，我希望他能尽快好起来。医院的医生给他家里写了信，于是哥哥詹姆斯陪着约翰·哈伍德马上赶到了医院。哥哥前去的目的是尽快把消息带给哈伍德夫妇。他们夫妇二人，特别是哈伍德太太，如坐针毡，痛苦不堪。他们是礼拜二去的，詹姆斯次日赶回，把好消息带给迪恩的哈伍德一家，他们顿时松了一口气。当然，哈伍德太太可能还需要过一段时间才能完全放心。不过，他们感到一种最实质性的安慰。这的确是一起意外枪伤，不仅厄尔自己这么说，而且子弹的弹道也同样可以证明。这不可能是决斗导致的枪伤。目前，他伤势稳定，但是医生还不能宣布他已经脱离危险。前几天打猎时，希斯科特先生发生了一点意外。他牵着马穿过篱笆或者房子还是什么东西，结果匆忙之中，马踩着了他的腿，不过我认为是脚

踝，尚不清楚这块小骨头是否发生骨折。玛莎已经接受玛丽的邀请去参加朴次茅斯勋爵的舞会。他没有亲自发出邀请，但是这无关紧要。玛莎来了，舞会就可以开始了。她妈妈不在，我跟她一起回去还为时太早。

星期天晚上。今天上午刮起了可怕的风暴，对我们的树造成了很大的伤害。我当时正在餐厅坐着，突然奇怪的撞击声吓了我一跳，过了一会儿又响了一声。于是，我走到窗户那儿，正好看到我们心爱的两棵榆树中的第二棵倒在了路的拐弯处！我认为，另一棵更靠近池塘，已经随着第一次撞击声倒下，位置更偏东一些，倒在了我们家那排栗子树和冷杉中间，砸倒了一棵云杉，削掉了另一棵云杉的树冠，砸掉了两棵边角上的栗子树的树枝。不仅如此，你进入我所说的榆树路时，左边的两棵榆树中，那棵大的也被刮倒了。上面有风标的五朔节花柱也被吹断，成了两截。让我最感遗憾的是，长在门厅前草坪上的

简·奥斯汀给姐姐的信。

三棵榆树，本来是多么美的装饰啊，结果现在都没了：两棵被吹倒，另一棵受损严重，都扶不起来了。不过，我可以欣慰地说，无论是我们这里，还是附近地区，大风过后，除了刮倒了一些树之外，没有造成更大的损失。因此，难过之余，我们也能得到一些慰藉。

你永远的，简·奥斯汀

下面这封信写于四天之后，收信人是好朋友劳埃德小姐，她的姐姐（我母亲）嫁给了简的长兄。

史蒂文顿，星期三晚上，11月12日

我亲爱的玛莎：

直到夏洛特离开迪恩之后，我才于昨天收到你的来信，否则我就会托她把回信带去，而现在我必须寄信过去，这样你就要支付三便士，购买参加赫斯特本舞会的礼服就要打折扣了。你希望不久之后能在伊伯索普（Ibthorp）见到我，非常感谢，我也同样希望去看你。我相信，我们两个在这一方面同样真诚，我们都同样强烈地想念对方。在赞扬了一番彼此的美德后，我要先放下赞扬的事情，说一些简单问题。大约两周之后，我希望能够跟你在一起。我不能提前过去，有两个原因。我这样安排，是希望在你母亲回来后跟你一起度过一些日子。第一，我可以见到你母亲；第二，我带你回来的可能性更大。你对我的许诺不是太绝对，但是如果你的意志不够坚定，我和你将会竭尽所能，克服你良心的顾虑。我希望我们下周见面后能详细讨论此事，直到我们俩对我刚刚开始的探望感到厌倦为止。19日舞会（这里指为朴次茅斯勋爵跟第一任妻子结婚周年纪念在赫斯特本公园举办的一年一度的舞会。）的邀请信已经到了，而且措辞颇为有趣。我相信，昨天玛丽已经告诉了你厄尔的不幸事件。他似乎不太走运。最近两三封信带来的关于他的好消息越来越少。约翰·哈伍德今天又去了戈斯波特。现在，我们有两个朋友的家里都焦头烂额；尽管从凯瑟琳今天上午的来信看，马尼唐（Manydown）那里似乎重现希望，但是这一希望是否能保持下去还令人怀疑。然而，希思科特先生的腿轻微骨折，已经在逐渐好转。要关注这三个人，实在太不容易了。

你让我给你带书，真让我头疼。我想不起来要带什么书，我也想不出我们为什么需要书。我去找你是跟你说话的，不是去读书或者听你读书，我可以在家里读书。的确，在跟你谈话的时候，我有很多东西要向你诉说。我正在阅读亨利著的《英国史》，我可以用你喜欢的方式讲给你听，可以松散、断断续续地讲，也可以按照这位历史学家划分的，分七个部分讲：平民和军队，宗教，宪法，学问和学者，艺术和科学，商业、银币和海运，礼仪。因此，一周七天，每个晚上可以讲一个不同的主题。周五晚上的"商业、银币和海运"，你会觉得最没有意思；但是，次日晚上的部分就可以弥补。我准备的是这些内容，如果你重复讲法语语法，斯滕特夫人（一个无趣的老太太，跟劳埃德夫人住在一起。）会突发奇想，问公鸡和母鸡的问题，我们该怎么办呢？暂时告别一会儿。爱连着你和我，你亲爱的。

简·奥斯汀

下面这两封信肯定写于1801年早些时候，当时奥斯汀一家已经决定从史蒂文顿搬走，但是还没有真正行动。信中提到了出海的两个兄弟，还讲述了姐妹的焦虑和不安，这在和平、汽船和电报时代是比较少见的。当时，轮船经常因为逆风或者无风而停航，甚至偏离目的地。有时，他们接到命令改变航线，去执行秘密任务。更不用说，万一碰到更为强大的战舰发生冲突——在特拉法尔加战斗发生之前，并非没有可能。来自战舰上亲人的消息少之又少，而且还经常是传言或者偶然有消息。因此，任何一点消息都显得非常重要：

亲爱的卡桑德拉：

要不是查尔斯给我来了一封信的话，我认为没有必要这么快就给你写信。这封信是他上周六在斯塔特近海写的，由博伊尔船长送到波帕姆巷，他正前往米德哈姆。他乘坐"恩底弥翁"号从里斯本回来。我把查尔斯对弗兰克的猜想抄录给你："最近没有见到过我哥哥，也不认为能看到他回来，因为他在罗德岛遇到过前去接管'海燕'号的英格利斯船长；但是，有可能他在未来两周内，会乘坐为拉尔夫·阿伯克尤比送急件的一艘船到达英国。"这件事说明，博伊尔船长真像个变戏法的。"恩底弥翁"号没有再获得嘉奖。查尔斯在里斯本度过了愉快的三天。

他们对那个皇室乘客（乔治三世的儿子苏塞克斯公爵。）很是满意，发现他令人快乐，和蔼可亲，还说奥古斯特夫人是他妻子，似乎他对她爱慕有加。

写这封信的时候，"恩底弥翁"号因无风而停航，但是查尔斯希望周一或者周二之前能到达朴次茅斯。在他离开英国之前，他收到了我的信，信中转达了我们的计划。当然，他很吃惊，但是也欣然接受，打算趁我们还在史蒂文顿的时候，回来探望一下。

下面一段话，来自简在同一年晚些时候写的另一封信：

查尔斯因参与截获那艘私掠船而得到了三十镑，但是他希望能多给十镑。不过，如果他把这笔钱用来买礼物，自己拿到奖励能有什么好处呢？他一直给我们买金链子和黄玉十字架。他肯定得被狠狠地批一顿。"恩底弥翁"号已经接到命令——向埃及运送军队。如果不相信查尔斯在军舰起航前会通过某种途径离开，我对此不会有丝毫兴趣。他说他对自己的目的地一无所知，但是希望我马上给他写信，因为"恩底弥翁"号很可能在三四天内起航。他会收到我昨天写的信，我也将再次给他写信，既感谢他，也责备他。我们都会好得不得了。

第四章

离开史蒂文顿

简一家人于1801年春天搬到了巴斯，先是居住在悉尼宫街4号，后来是格林花园寓所。我不知道他们来到巴斯是不是由于简的母亲唯一的兄弟利·佩罗特的缘故。佩罗特每年都会在巴斯住一阵子，他从舅舅那里继承了在牛津郡的诺斯利（Northleigh）的一处房产，以及佩罗特这个姓氏。关于佩罗特这个古老的现已消失的家族，在此我必须交代几句。简·佩罗特也就是简·奥斯汀的曾外祖母，是这个家族的最后幸存者之一，她嫁给了沃克先生，奥斯汀的教名就取自她的名字。至少早在十三世纪，佩罗特家族就在威尔士西南部的彭布鲁克郡定居。很可能是金雀花王朝的政策，安排一些居民定居在此，因此彭布鲁克郡之后又被称为"威尔士边上的英格兰"。一方面，英格兰可以通过该地的米尔福德港与爱尔兰交往；另一方面，可以起到震慑威尔士人的作用。佩罗特家族有一位成员，似乎大大地威慑了威尔士人。有记载表明，他在威尔士的凯梅斯区（Kemaes）杀死了二十六个男子和一匹狼。杀人和杀狼列在一起计算，而且比例如此悬殊，的确引人注目。很可能那时狼已经遭到密集捕杀，所以杀狼比杀人更罕见，功劳也更大。佩罗特家族的最后一人死于1778年前后，他们的财产分别给了姓利和姓马斯格雷夫的两家人，后者分到的财产份额大于前者。利·佩罗特先生拆除了房屋，将地产变卖给了马尔伯勒公爵。现在，佩罗特家族成员的名字也只能在诺斯利的教堂墓碑上才能看到。

利家更早的贵族都去世后，利·佩罗特先生和几位堂兄弟得到了沃里克郡斯通利（Stoneleigh）房产的终身所有权。不过，他放弃了终身所有权。他娶了林肯郡蒙塔古·乔梅利的侄女为妻。利·佩罗特智慧过人，颇有才华，就像他身为牛津大学贝利奥尔学院院长的叔叔一样。他会编一些机智的警句和谜语，尽管有些没有署名，但是也印刷出版了。他过着幽居的生活，在巴斯和伯克郡的斯卡利茨（Scarlets）两地轮流居住。简在巴斯写的信件中常常提到这位舅舅和舅妈。现在已经出版的《华森夫妇》（*The Watsons*）这部小说，简并未完成，但它肯定是简在巴斯的家中创作的。1804年秋，简在莱姆（Lyme）住了几周，常常去科布（The Cobb）堤坝转悠，后来路易莎·穆斯格雷夫（《劝导》中的人物）在堤坝上面摔倒，人们由此记住了这个地方。1805年2月，简的父亲在巴斯过世，葬在了沃尔科特教堂。她的母亲和女儿们租房子住了几个月，然后搬到了南安普敦。简在巴斯居住的这四年，我能找到的相关记录只有简写给姐姐的三封信。一封写自莱姆，另外两封就是在巴斯写的。信中表明，简经常很文静地参加社交活动，这个圈子里的主要成员都是女士；她总是留心观察她们，分析最细微的性格特征。

简写给姐姐的一封信（节选）：

莱姆，星期五，1804年9月14日

亲爱的卡桑德拉：

为了感谢你从韦茅斯（Weymouth）给我寄来的信，我就用漂亮的条纹纸的第一页给你回信，希望你现在已经身在伊伯索普。我希望听到你昨晚已经到达那里的消息，也希望你能够在周三到达更远的布兰福德（Blandford）。你对韦茅斯的描述，最让我惊讶的是那里竟然没有冰。对于那些让我失望的事，我多多少少都有所准备，尤其是你没有在周二看到皇室的人上船，因为我已经从克劳福德先生那里听说了，他说你去得太晚了。不过，那里没有冰，真的让我感到措手不及！希望你昨天在安多弗（Andover）就收到了我的信，这样你就不用再担心我了，就像平常担心的时候一样。我的情况很好，因为我今天早晨又洗了一个澡。我略感不适，有些轻微发烧，这是绝对必要的；本周，莱姆都在流行发低烧、生小病呢，我可不能

错过。你也许能想到，现在我们已经在出租房安顿下来了，一切都步入正轨。用人表现不错，没有制造麻烦，但是房子、家具和里面住的人都脏兮兮的，最不方便的地方就是家务间。我会尽我所能安排好你的房间，使之秩序井然。我会尽快检查玻璃水瓶里的灰尘，让一切都恢复到以前你管理时的样子……昨晚的舞会很愉快，但是跟周四比起来，去的人并没有满场。爸爸心满意足地待到了九点半，我们是八点多一点去的，然后他和詹姆斯提着灯笼回家，那时月亮已经升起来了，我认为他们并没有点灯笼；但是，有时候这盏灯笼为他们提供了很大的方便。我和妈妈后来又待了大约一个小时。前两支舞，并没有人邀请我。接下来，我和克劳福德先生跳了两支舞，要是我再待久一点，也许还能和格兰维尔夫人的儿子跳一曲，是我的好朋友A小姐介绍我们认识他的；也有可能跟一个长相奇怪的生面孔跳舞，他关注了我一会儿，最后没有通过任何人

的介绍就直接问我是否愿意和他再跳一会儿舞。他举止从容，我猜他一定是爱尔兰人，我觉得他属于令人尊敬的中上阶层，譬如爱尔兰子爵的儿子；他们胆大，长相奇特，适合生活在莱姆的上流社会。昨天上午（难道直接说昨上午不是更好吗？）我拜访了A小姐，她还把我介绍给了她的父母。和其他年轻女士一样，她比父母更彬彬有礼。我和她在一起的时候，她一直在织一双袜子。但别在家里提起这件事，免得适得其反，反而把她当成了榜样。后来，我们一起去科布堤坝走了一个钟头。她很健谈，这种谈话很常见，我没有发现她有什么智慧或者天分，不过她还是有些见地和品位，她的举止很有魅力。她似乎太容易就喜欢上别人。

你亲爱的，简·奥斯汀

下面这封信是简写给身在伊伯索普的姐姐卡桑德拉的，信中提到了劳埃德夫人突然去世的消息：

（巴斯）盖伊大街25号，星期一，
1805年4月8号

亲爱的卡桑德拉：

这样的日子真是为你准备的。巴斯或伊伯索普经历过这样的四月八日吗？三月和四月融合到一起了；既有三月的烈日，又有四月的煦暖。我们只是四处散散步。如果有可能，我希望你也能享受这样的天气。我敢说你更想换地方了。我们昨晚又出去了，在新月楼（Crescent）我遇到了欧文小姐，她邀请我们去喝茶，不过我还是婉言谢绝了，并没想到妈妈打算去那里。我告诉妈妈这个消息时，发现她很乐意去。于是，一离开小教堂，我们就步行前往兰斯顿（Lansdown）。上午，我们去看了张伯伦（Chamberlaine）小姐，她骑在马上，看上去很兴奋。七年零四个月前，我们曾经一起去同一个骑马场看勒弗罗伊小姐的演出。现在的情景变化多大啊！不过七年了，我认为，这足以让人的每个毛孔和内心的每种情感都产生变化。昨天，我们在新月楼走得并不远。天气很热，人并不多；于是我们就去了田野里，路上遇见了S.T.（斯蒂芬·特里先生）和S小姐（塞默小姐）。我还没有看到她的脸，不过她的连衣裙和相貌都没有布朗夫妇描述的那样潇洒、时尚。正好相反，她的裙子一点也不漂亮，她的外表非常文静。欧文小姐说，她从来不说一句话；真是可怜，恐怕是在苦行赎罪。库尔萨特夫人刚才来过了，妈妈正好出门去了，她以为我也不在家。我一直都很尊敬她，觉得她热心肠、友好。布朗夫妇也来过这儿，我在桌上发现了他们的名片。"伏兵"号于三月九日到达直布罗陀，一切都好，报纸上这么说的。我们一直没收到什么信，但是我们希望明天能收到爱德华的信，然后接下来就是你的信。他们在戈德默沙姆多么快乐啊！要是收到来自伊伯索普的信，我会非常高兴的，这样我就可以了解你们的情况，尤其是你。J.奥

斯汀夫人要去斯皮恩（Speen），这样的天气正适合出门，希望她在那里能过得开心。我期待着你对大洗礼晚宴的描述，说不定最后你又和邓达斯小姐在一起了。

周二。我昨晚收到了你的来信，希望很快会收到下一封信，告诉我一切都已经结束。但是，我禁不住想，生命力再次挣扎，就会带来复活的希望。可怜的女人（劳埃德夫人）！我希望你的下一封信能告诉我一切都结束了。愿她走得安详从容，正如我们曾见过的离世场面那样（可能指的是她父亲）！我相信会的。如果生命结束了，那么痛苦必定也会结束。我想，在你写这封信时，甚至连存在的意识也已经消失。我这封信和上一封信似乎都有些胡言乱语，但是我并不在意；对你也不会有什么害处，也没有人会因此受到攻击。你高兴地谈起自己的健康和气色，令我由衷地感到高兴，但是我不知道气色是否真的如你所说。五十英里的旅行真的能带来

这么大的改变吗？你在这里时看起来确实很不舒服，每个人似乎都察觉到了。难道雇佣的驿递马车有魔咒吗？如果真有的话，克雷文夫人的马车也许破解了它。你花了很多时间和精力为玛丽做帽子，她很喜欢，我既感激又很高兴；不过目前，我认为这个礼物还派不上用场。母亲去世了，她不会离开伊伯索普吗？玛莎肯定很需要你的陪伴，在这种情况下，你的拜访的确正逢其时。

周四。昨天，我没能继续写信，我的智慧和快乐都用来给查尔斯和亨利写信了。我给查尔斯写信，是因为母亲从报纸上看到，"乌拉尼亚"号停靠在朴次茅斯，等待护航前往哈利法克斯。真不错，因为就在三个星期之前，你根据"卡米拉"号的消息写过信呢。我给亨利写信，是因为我收到他的来信，信中希望我尽快给他回信。他写给我的信，充满感情和善意，读起来很有趣。这应该不能算是他的优点，他天生就能让人开心。如果爱德华暗示他的计划能实施，他提议就去海边见我们。难道这次计划不比以往更令人期待和开心吗？他还高兴地提起去年夏天我们一起漫步的事。

你的，简·奥斯汀

简写给卡桑德拉的另一封信：

盖伊街，星期日晚
4月21日（1805年）

亲爱的卡桑德拉：

你这么快给我回信真让我高兴；昨天收到了你的信，真令我又惊又喜。可怜的斯滕特夫人！她命中注定总是给别人添麻烦；不过，我们必须宽容些，我们也许会成为她那样的人，毫无用处，不招人喜欢……早上我约好了和库克斯一家在一起，同行的还有乔治、玛丽还有D先生和B小姐，之前我们一起去听了音乐会，年纪最小的W小姐也在。没有茉莉娅，我们没有让她去，她病得厉害，但是玛丽去了。玛丽·W.确实是长大了，皮肤白皙，围着很大的薄纱披肩。我还没明确地说自己也参加了聚会呢，不过我的确去了，表兄乔治非常友好，时不时地和我说点正经话，不过他大多数时间是和B小姐在热闹地讲一些蠢事。他年轻英俊，举止优雅，机智幽默，颇有见解，让我多少想起了老朋友L.L.。他们俩讲的都是些愚蠢的嘲弄之词，几乎没什么见地。不过乔治讲话还算有点智慧和道理的，我的确非常喜欢他。B先生似乎就是一个个头儿高点的年轻人罢了。我晚上的安排是跟A小姐散步，她在前一天拜访过我，埋怨我，说自从她来了巴斯，或者说至少是最近，我待她的态度都变了。我真不小心啊！我应该注意到会有这样的结果，我太失礼了！她对我很好，也很理性，我很快就原谅了她，所以才约她一起散步。她真是一个令人感到快乐的姑娘，我想我会喜欢她的。而且，她在家里非常需要伙伴，因此不管是谁，只要她能忍受，对她来说都很重要，所以她希望我关注

她。我会尽力做到亲密有度，避免发生摩擦。那么多朋友，只要不惹出是非就好。现在，布拉什福德小姐来了。如果她待在这里，我会无法集中精力……如果我告诉你今天上午我们拜访了公爵夫人，你肯定马上猜测是罗登夫人。你猜得很有道理，但是你猜错了，其实是利文夫人，她是巴尔戈尼勋爵的母亲。我从麦凯一家那里得到利文勋爵和夫人的消息，说有意要招待我们，我们觉得应该去拜访一下。希望我们的做法还算得体，毕竟不能冷落查尔斯的朋友和欣赏者。他们看上去都很善良，通情达理，彬彬有礼，他们对查尔斯赞不绝口。我们先是被领到了一个开阔的会客厅，不久勋爵就进来了，他虽然并不知道我们是谁，但还是为用人的误会向我们表示歉意，还告诉我们利文夫人不在房子里。伯爵身材高大，很有绅士风度，戴着一副眼镜，耳朵很背。坐着和他待了十分钟，我们就走了，不过我们经过门口时，利文夫人从餐厅走了出来，所以

我们又跟随她走了回去。利文夫人身材矮胖，相貌端庄。我们很高兴又听到他们对查尔斯的赞扬。他们非常感激查尔斯，对他评价也很高，并希望巴尔戈尼勋爵身体康复了就去见查尔斯。聚会时还有一位漂亮的玛丽安女士，和她握了手，并问她是否记得奥斯汀先生……

下一次，我该给查尔斯写信了，除非你告诉我你打算给他写信。

请相信我，

爱你的妹妹

上一封信中提及的"表兄乔治"，简对他的评价并不高，乔治在思维和智力方面也许轻易就超过其他人。他是牧师，全名乔治·利·库克，在哈佛大学担任过要职，培养出了比他更有思想的有识之士，因此声名显赫，很受尊重。他还是牛津大学基督圣体学院的教师，那时许多杰出的大学生都受过他的教诲，如阿诺德博士、约翰·基布尔牧师，还有约翰·科勒律治爵士。

科勒律治在《基布尔回忆录》以及他写的一封信中，曾经满怀深情和尊重地提起过乔治。这封信收录在迪安·斯坦利所著的《阿诺德传记》中。库克还是一位感情真挚、振聋发聩的布道者，我记得曾听我的一些大学同学评论说，听乔治·库克浅显易懂的布道比起大学讲坛上许多矫揉造作的演讲要好得多。乔治经常担任各学院的主考人，从1810年到1853年一直是色德来（Sedleian）自然哲学教授。

到1853年年底，简一家人就搬到了南安普顿。她们住在城堡广场一角的一栋宽敞的旧式房子里。

简在南安普顿生活的四年间，我没有保存她的一封信件或者其他记录。我现在深深地缅怀我的姑姑，当时也很喜欢她，不过我年龄很小，只能用孩子的眼光来观察，无法洞悉她的性格特质或者评价她的才华。然而，我还清晰地记得南安普顿当地的一些事情，因为这些很久以前就不存在了，所以我要将它们

简·奥斯汀在查顿的房子，水彩画。

记录下来。我祖母的房子有个漂亮的花园，花园一边是古城墙，墙头很宽，可以在上面散步，视野非常开阔，女士们可以轻而易举地顺着台阶爬上去。这堵墙必定见证了亨利五世在阿金库尔战役打响之前出征的壮观场面，也见证了坎布里奇、斯克罗普和格雷三人的反叛阴谋被揭穿的情景。莎士比亚在他的作品中生动地再现了这个故事。在《亨利五世》的合唱（第三场）中，市民们看到：

装备精良的国王在安普顿码头御驾出征。

在关于南安普顿城的记载中，有一段当时撰写的详细而真实的资料，提到了亨利五世出征法兰西之前曾率军驻扎在附近。值得注意的是，军队驻扎之地当时还是低矮的平原，现在已经成了一片汪洋，被称为西港（Westport）。那时，城堡广场上有一座庞大的建筑，对于广场而言它太大了，但是就城堡风格来说又显得太小。这座大型建筑由兰斯多恩侯爵二世建造，他和一位知名政治家是同父异母的兄弟，这位兄弟从他那里承袭了侯爵的头衔。公爵夫人有一辆六匹小马拉的敞篷四轮马车，有时换成八匹小马，两匹一排，根据与马车的距离，由大到小排列，毛色也由重到轻，依次是黑棕色、浅棕色、枣红色和栗色。两匹领头的马，由两名年轻的左马驭手驾驭；距马车最近的两匹马，则由马车夫控制。从窗户望出去，看到下面这些装备齐全的马匹，我会感到非常兴奋，由于这座城堡占地面积较大，马车只能在广场小小的空地上行驶。然而，就像童话一样，这一景象很快就会消失。不仅是马车和小马，还有整个城堡，用不了多久就会消失得无影无踪，"如同虚无缥缈的幻景一样"（引自莎士比亚《暴风雨》第四场，第三幕）。1809年，侯爵死后，城堡就拆掉了。现在，几乎没有人记得它的存在，来这里的人也不会相信这里原先竟然有一座城堡。

1809年，奈特先生（爱德华·奥斯汀）提供了两处房产供自己的母亲选择。一处靠近他在肯特郡戈德默舍姆庄园的住宅，另一处靠近查顿的住所，这是他在汉普郡小住时的居所。他母亲选择了后者，同年她和女儿还有与她们同住的亲戚劳埃德小姐搬到了查顿小屋。

查顿应该是简的第二故乡，也是她最后的家园。在巴斯和南安普顿短暂居住期间，简只是一个异乡的匆匆过客，但是只有查顿，才让她和家人找到了真正的家的感觉，而且巧合的是，这个家距离她兄弟们的家也不远。另外，查顿和简的创作生涯息息相关，就是在这里，她心智变得成熟，或写书，或整理，并为作品的出版做准备。时至今日，书已经让她举世闻名了。几年后，就在这所房子里，还处在人生盛年的简却开始萎靡憔悴，病情日益加重，在朋友的绝望中，最终撒手人寰。

简家的房子坐落在查顿村，距离奥尔顿大约一英里，在通往温彻斯特和戈简·奥斯汀查顿故居屋后的花园。

斯波特两条路的交叉处。房子离马路特别近，前门就对着马路，边上圈着窄窄的栅栏，以防那些冲出公路的马车撞上房子。由于位置好，我相信最初修建这栋房子的目的是当作客栈。后来，奈特先生的管家住在这里。经过修建，合理种植树木，建起围栅，这房子成了一处宽敞怡人的住所。爱德华对装修房屋很有经验，也很拿手，这是他的一大爱好。屋门大小正合适，进去后是两间起居室，原先都对着马路，但是休息室的那扇大窗户被封住了，

改成了一个书柜，侧面的窗户只能看到外面的草地和树木，高高的木栅栏和角树篱沿着房屋的外缘围了起来，把通往温彻斯特的路拦在外面。房屋两边栽有灌木丛，沿着围墙形成一条灌木小路，留下足够大的空间让女士们活动。灌木篱笆，沙砾小路，果树，可以割的蒿草，不规则地分布在两三个围栅内，相映成趣，别有情调。这栋房子跟一般的牧师住所风格十分相似。房子大小合适，简在外地的亲人可以经常来拜访。房子布置得非常讲究，里

1775

【简·奥斯汀】

出生于史蒂文顿。

【欧洲】

贾南杰洛·布拉斯基继任罗马教皇，称庇护六世。

1782·1788

【简·奥斯汀】

奥斯汀家在史蒂文顿举办了一些业余演出。

【英国】

英国罗金汉姆组阁，旋而由谢尔本接任首相。

1794

【简·奥斯汀】

创作书信体小说《苏珊夫人》。

【欧洲】

"热月政变"，推翻雅各宾派统治。

1795

【简·奥斯汀】

创作书信体小说《理智与情感》的前身。

【英国】

英平等派运动起。

1796

【简·奥斯汀】

创作《傲慢与偏见》的前身。

【英国】

英国自荷兰之手夺取锡兰岛，开始其殖民统治。

1799

【简·奥斯汀】

完成作品《苏珊》。

【英国】

英国颁布禁止工人罢工和结社法。

里外外都维护得很好，尽管家庭经济状况不佳，但是房子舒适宜人，特别适合女士居住。

我详细描述这栋房子，是因为许多人都对知名作家的住所很感兴趣。游客都注意到了考珀在奥尔尼镇的那栋不起眼的房子，甚至在骚塞为他编辑的那套著作中，收录了一幅这栋房子的雕版画。但是，我建议简·奥斯汀的仰慕者不要来此朝圣。现在，这栋房子确实还在，但是它已经变了模样。自1845年卡桑德拉·奥斯汀太太过世后，这栋房子已经分隔成很多个公寓房间，租给工人居住，土地也转为普通用途了。

第五章

伟大的作家

简·奥斯汀的为人、性格和嗜好

回忆录写到这个时期，我已经可以开始经常看到姑姑了，并且对她的重要价值有所了解，因此我将试着描述一下她的外表、思想和习惯。她的外表很有魅力，身材高挑纤细，步伐轻快沉稳，浑身散发着健康和活力。她肤色浅黑，双颊圆润，嘴巴和鼻子小巧玲珑，眼睛呈浅褐色，一头棕色的头发，自然卷曲，环绕在面颊周围。即使简没有她姐姐那么端庄健美，但是在大多数人眼中，她的脸还是独具魅力。不论早晨还是晚上，她都戴着帽子。我认为，在普通人看来，简和姐姐都过早地穿上了中年人的装束，与年龄和相貌不太相符。她们的连衣裙相当雅致，却很少考虑是否时尚或者得体。

以现在的标准看，简算不上多才多艺。姐姐卡桑德拉擅长绘画，本书前面所附的简的肖像就是源自她的一幅作品。简喜爱音乐，嗓音甜美，无论唱歌还是说话，声音都很动听。她小时候练过钢琴，在查顿时每天都坚持练习，不过主要是在早饭之前。我想她这样做，可能是不想打扰不太喜欢音乐的人。到了晚上，她会弹着琴，唱一些简单的老歌，其中有些歌词和曲调现在已无法听到，但是依然会回荡在我的脑海中。

她能轻松地阅读法语，还略懂意大利语。那时候，德语和印度斯坦语都不属于小姐们学习的内容。简通过阅读戈德史密斯（Goldsmith）、休谟（Hume）和罗伯逊（Robertson）的著作学习历史。当时，对已经普遍接受的老历史学家的看法，人们很少做批判性的研究。罗马早期帝王的历史还没有演变为传奇。在读者眼前展现的那些历史人物，无论是广为人知，还是鲜为人知，都缺乏详细的分析和研究。亨利八世的美德还没有被人们发现，伊丽莎白女王的反复无常也不为人所了解；前者被刻画成了暴君和凶残的夫君，而后者则是智慧和治国的典范。简在少女时代

就持有鲜明的政治见解，尤其是对于十六、十七世纪的政治事件。她坚决拥护查尔斯一世及其祖母玛丽，但是我认为这种热情只不过是一时冲动，并非有理有据地调查之后再行谴责或为其开脱。随着成长，她对政治的关注度逐渐下降，不过她很可能跟家人一样，支持温和的保守党。简非常熟悉《旁观者》及以后的老牌期刊。很可能不会有谁像她那样去熟悉理查森的作品了，因为轻松的文学作品已经吸引了读者的注意力，他们就不再关注这位文学大师了。简对《查尔斯·格兰迪森爵士》中描写的每个场景、雪松客厅里的一言一行，都了如指掌。还有理查森的姐妹L和G小姐（L和G是格兰迪森爵士的姐妹）的结婚日期她都记得一清二楚，就好像她们是生活中真正的朋友。在简最喜欢的作家中，她最推崇约翰逊的散文、克雷布（Crabbe）的诗歌，以及考珀的散文和诗。简与生俱来的良好品位以及家人、朋友的良好品位，让她免于落入另一

位姐妹小说家（前文提到过的达巴雷夫人）的俗套，没有模仿约翰逊那种夸张的风格。她非常喜欢克雷布的作品，也许是因为他和简都同样追求作品细节的完美。她有时候会开玩笑说，如果自己结婚，她会非常愿意成为克雷布夫人。对她来说，克雷布就像一个抽象概念，不需要了解，也不在乎他的为人。司各特的诗歌，带给简极大的欢乐，但是简生前没来得及去阅读他的小说。在简去世之前，司各特的小说仅仅出版了三本。从下面的书信片段可以看出，简很愿意承认司各特的小说《威弗利》取得的成就。值得注意的是，简远离文学界，无法获得小道消息，但是竟然自信地说司各特就是《威弗利》的作者（当时这本小说是匿名出版的）：

司各特不应该写小说，尤其是杰出的小说。写诗已经让他名利双收，再写小说就太不公平了，他不应该再跟别人抢饭吃。如果我能控制，我可不想喜欢《威弗利》，可是我根本做不到。然而，我下定决心不喜欢X夫人（这里指的是简·韦斯特）的作品，如果见到她的小说，我希望不会喜欢上它。凡是她写的东西，我想我能够坚决不去喜欢。我已经铁了心，谁的小说也不看，除非是埃奇沃思（Edgeworth）小姐、E和我自己写的。

然而，简之所以与众不同，并非因为学识，而是因为她本身。只有引述简的两个侄女对她的描述，才能最好地描述她的魅力。其中一个侄女说道：

"我很小的时候，不管家里还是家外，总是跟着简姑姑。这件事，我本来也许已经忘记了，是妈妈私下告诉我的，还说我当时肯定没让姑姑觉得讨厌。孩子们都喜欢她，因为她和蔼可亲。你觉得她爱你，所以你也爱她。在我的记忆中，这就是我早年的感受；后来，随着成长，我能够体会到她的机智给我们带来的乐趣。不久，我就喜欢上了她的幽默，只要经过她的口，每件事都会让小孩觉得有趣。随着时间的推移，堂妹也来分享这份快乐，姑姑会给我们讲最有趣的故事，主要是关于仙境的故事，那些精灵都有自己的特点。我相信这些故事都是她自己当时现编的，如果时间允许，她能连续讲两三天。"

这个侄女接着说："我们和简的另外两个侄女待在查顿时，她经常组织娱乐活动，而且总是帮助我们。我们总是让她帮忙，她让我们从她的衣柜中挑选自己喜欢的衣服。我们把这里装扮成家，她会成为我们家的快乐客人。她会通过各种方式让我们开心。我记得，有一次她让我和两个表妹谈话，假装我们是前一天刚参加过舞会的成年人。"

另一个侄女对简的描述也非常相似："简姑姑非常受孩子们欢迎，她跟孩子相处的方式让他们感到有趣，她讲的故事很长，很详细，充满乐趣。有时，这些故事不停地讲，不论什么场合，我们总是求她继续讲下去。这些故事完全出自她善于创造的天赋。唉！要是我能回想起其中的一个该多好啊！随着年龄的增长，我和姑姑之间十七岁的年龄差距似乎缩小到了七岁，甚至感觉我们是同龄人，现在我突然觉得特别想念她。我把那些和她有关的事情放在心里，而且提醒自己要为简姑姑永远保存下去，这已经成为一种习惯了。"

简的一位侄子常说，姑姑过世后，他每次到查顿去都会感到失落。联想起过去，他总是希望那栋房子能让自己感到特别快乐，可是回去后，才发现已经物是人非，魅力不再了。不仅房子里那盏最亮的灯已经熄灭，而且还让活着的人的心头笼罩上了一层阴影。这里用不少篇幅说明简非常疼爱孩子，也很会逗他们开心。其实，不仅是孩子，她各个年龄段的朋友也都感受到了她令人快乐的影响力。她具有非凡的幽默感，可以拿日常生活中的人和事开玩笑，但是她从来没有拿严肃的责任和义务寻开心，也从来没有取笑过任何人。简对村庄里的邻居，虽说不是很亲密，但是都很友好。她对他们的事情都很关心，喜欢听到他们的消息。这些事情经常为她提供消遣，她自己也会添油加醋，让街谈巷议更加有趣。她会尽力避免挑剔或者讽刺他人。她从来不辱骂或"揶揄"他人——当时人们使用这个词；不过，这个令人讨厌的词，现在已经淘汰。而且，它表达的那种行为，现在比过去也少多了。她偶尔会引得大家哈哈大笑，主要是通过想象力为邻居——当然还有朋友和自己——编排不可能发生的意外事件，随心所欲地用散文或者诗歌讲述一些奇闻逸事，或者虚构一段历史，描述他们说过什么话或者做过什么事，不过大家都不会信以为真。

在此不妨摘录几个片段，说明她活跃的思维，这种思维让她的信件和谈话都很有趣：

从报纸获悉伊斯特本的盖尔先生和吉尔小姐喜结良缘。

特赋诗一首

伊斯特本的先生盖尔，
深深爱着小姐吉尔，
他身体曾经非常健康，
现在病得那么厉害。

他叹着气说：好小吉，
我甘愿做你的奴隶；
请接受我做你的小盖，
赶快恢复我的常态。

中年卖俏女年轻时对维克先生肯定不屑一顾，现在却委身下嫁。

故赋诗一首

玛丽亚，风趣端庄，身材又高挑，
找丈夫是她生命中的最后赌注；
频频参加舞会，却次次一无所获，
欣然接受维克，因为幡然醒悟。

昨晚，我们去看奥尼尔小姐演出的戏剧《伊莎贝拉》。她演得没有我期望奥斯汀所写盖尔先生和吉尔小姐一诗的亲笔手稿，平版印刷摹本，原件现存于巴斯的泵房（Pump Room）。

On reading in the Newspaper, the
Marriage of "Mr Gell of Eastbourne
to Miss Gill." —

Of Eastbourne Mr Gell
From being perfectly well
Became dreadfully ill
For the love of Miss Gill.

So he said with some sighs
"I'm the slave of your eyes
Oh! restore if you please
By accepting my ease."

J. A.

的那么好。很少有表演能让我满意。我带着两块手帕，但是几乎都没用到。不过，奥尼尔小姐是个优雅的女人，还高兴地拥抱杨先生（演员查尔斯·杨）。

这么说，B小姐其实已经结婚了，但是我从来没在报纸上看到过婚讯。如果婚礼没有刊登在报纸上，不妨说她还是单身。

有一次，她心血来潮，写了一首谐趣诗，赞扬一位年轻、聪明、漂亮的朋友：

1

现在，我要创作一首韵律诗，

赞美漂亮安娜的魅力：

首先，她思想奔放不受约束，

如同大草原无边无际。

2

安大略湖或许能恰当地形容

　　她广袤无垠的想象力：

经过严格测量，它绕转一圈

　　周长足足有五百英里。

3

就像著名的尼亚加拉大瀑布，

　　她的智慧洒向敌和友；

游客目瞪口呆，默默注视着，

　　人人都在静静地听候。

4

她良好的判断力可靠而深邃，

　　像大西洋彼岸的树林，

把帮助和友好的阴凉分送给

　　躲避在下面的所有人。

5

如果希望这样界定她的思想，

　　美国都将会精疲力竭，

那片伟大土地上美好的一切，

　　也都会在微笑中幻灭。

6

唉，我怎样施展本领才能够

　　想象和描绘她的品格？

如何画出她的体形，她的脸？

　　里面蕴藏着各种美德。

7

我们必须展示出另一个世界，

　　通晓另一种新的文字，

舌头或声音才能够充分表达

　　她那骨肉身躯的魅力。

　　我想这首谐趣诗差不多是即兴而作，通过想象对美国的描绘只是为了照应第一个诗节的韵脚。

　　下面的摘录来自简写给一个侄女的书信，这个侄女当时正尝试写小说自娱自乐，小说可能没有完成，当然也没有出版。因此，除了这些摘录中提到的，我对这本小说一无所知。当时简正忙于创作《爱玛》，摘录展现了她对这个写作能力尚未成熟的侄女的温厚同情和热心鼓励。摘录中不经意间提到了她关于写作的一些看法：

摘 录

查顿，1814年8月10日

你C姑姑不喜欢结构松散的小说，很担心你的小说就是如此。从一群人到另一群人的变化太过频繁，有时候，写出的情节结果显而易见，就会失去意义。我倒不是太反对，比起C姑姑，我对小说的要求更宽容，认为散漫小说的性质和精神能弥补小说的许多不足。放心吧，普通人并不太在意这些……

9月9日

你这样塑造人物让人开心，因为你将他们放到了一个我喜欢的场景中。在一个村庄安排三四家人，非常恰当。我希望你能写出更多东西来，人物已经安排好了，你应该充分利用这一点。

9月28日

德弗罗·弗雷斯特因为虚荣而自我毁灭，写得很不错，但是我希望你不要让他继续陷入"放纵的旋涡"。我并不反对你这样写，但是我无法忍受你的表达：全篇都是俚语，而且语言陈旧，我敢说亚当读到的第一本小说就是如此。

汉斯广场，1814年11月

我从未觉得你的书写得很差，我向你保证。我第一时间就阅读了，读得很开心。我觉得你确实写得很快，也希望我认识的其他人都能像你写得一样快。朱利安的故事让我大吃一惊，我猜你想到的时间也不长吧。不过我不反对这个情节，故事讲得很好，朱利安曾经爱过姑妈这件事，让塞西莉娅对朱利安会更感兴趣。我喜欢这个故事。我想，作品内容选择从侄女视角出发，大都是为了恭维这个或者那个姑姑吧。我敢说你的丈夫以前爱过我，要不是认为我死于猩红热，他才不会想到你呢。

简·奥斯汀尝试过的每件事，做得都很成功。玩挑棒游戏时，没有谁能像她那样把木棒扔成一个完美的圆圈，或者用手稳稳地把木棒抽出来。她玩杯球游戏也非常出色，在查顿玩的那种难度不大，她可以连续接球一百多次，直到手酸了才停止。有时，她眼睛疲倦，不能长时间读书或写作，就从这种简单的游戏中得到休息。上文所附图片（见第80页）是简的笔迹，字写得清晰有力。如果手稿都如此清楚，排字工人会多么高兴啊。不过，就书信而言，展示她手艺高超的不只是书法。那时候，折叠信纸和密封信封是一种艺术。那时候还没有便利的带黏合剂的信封。一些人的信件看起来总是很松散，不平整，但是简总是能把信件折好，把封蜡滴在合适的位置。简的针线活做得既简单又漂亮，也许缝纫机都会自愧不如。大家认为，她尤其擅长缎纹刺绣。在这些事情上，她花费了许多精力，有时她和伙伴会非常开心地谈论她们制作的衣服，这些衣服有的是给自己做的，有的是给穷人做的。她给自己的嫂子——也就是我母亲——做的一件针线活

仍然保留着。在一个小包里装着一个卷起的布料针线包，里面放着小针和细线。在针线包里有个小兜，兜里有一片纸，上面似乎用乌鸦毛笔写着一首诗：

> 我希望这个小袋子能证明
> 　我的努力没有白费；
> 有朝一日，你想要针和线，
> 　这里面全都能找到。

> 现在，转眼我们就要分离，
> 　但它还有其他用处；
> 每当看到这个小小的布袋，
> 　你就会把朋友忆起。

这种东西也许应该是仁慈的仙女奖给聪明的小女孩的。整个包都用带花丝绸制作，我母亲从来没用过，一直小心保存着，就像七十年前刚做好时那样崭新漂亮。它表明，那双用笔创作传世佳作的手，也可以做出漂亮的针线活。

以上讲述了简·奥斯汀的一些优秀

品质，不妨说这些品质使她整个人都熠熠发光，引人注目。在此之下她还拥有坚实的基础，支撑着她健全的理智与判断力、诚实的信条和敏锐的情感，因此她可以为他人提供建议和帮助，给人带来快乐。实际上，她既乐于和心情好的人一起欢笑打趣，也乐于安慰悲伤者，看护生病者。简在世时，她的两个侄女已经长大成人，其中一个已经结婚。随着心智成熟，她们与简的关系更加亲密，对她更为严肃的思想有了更多了解。她们知道，自己刚成年面对许多小的困难和疑惑时，简是同情她们的朋友和提供建议的导师。

我不敢冒昧地谈论简的宗教信仰，在这个问题上，她更愿意去思考和行动，而不是挂在嘴上。我会效仿她的缄默，只说明她心中蕴含着多少基督之爱，态度多么谦恭，不对这些美德的来源刨根问底。等后面写到她去世时，再对她的内心世界做观察。

第六章

处女作问世

长期中断后恢复写作习惯—
第一部作品出版—作者对作品的成功感到欣喜

在离开史蒂文顿和定居查顿之间的几年，简·奥斯汀很少写作，这似乎很不正常。如果把这一时期与她此前此后的文学创作进行比较，会发现的确如此。也许，人们期待新环境和新朋友会焕发出她的能量；另外，家人在巴斯和南安普顿过着安静的生活，肯定为她创作提供了足够的时间。但是，据我所知，她的作品，特别是大家看到的作品，没有一部是在这两个地方完成的。我只是陈述事实，无法说明原因。不过，她刚刚在第二个家安顿下来，就恢复了在第一个家养成的写作习惯，而且一直坚持到了生命终止的时候。在查顿的第一年，她似乎在认真修订《理智与情感》和《傲慢与偏见》，为出版做准备。1811年2月到1816年8月，她开始创作并完成了《曼斯菲尔德庄园》、《爱玛》和《劝导》，在生命的最后五年，奥斯汀创作的小说和整个早期一样多。她是如何做到这一点的，的确令人费解，因为她没有单独的书房，大部分写作都是在客厅完成的，随时都会被人打扰。她写作时小心翼翼，不让用人、客人或者家人之外的任何人知道。她利用小纸条写作，如果一旦有人来，能够迅速藏好，或者用一张吸墨纸盖住。在前门和杂物室之间有一道回转门，打开的时候会发出咯吱咯吱的响声，如果有人来她马上就会知道，因此她觉得没必要修理那扇门。但是，她不会受到《诺桑觉寺》中艾伦太太那种同伴的打扰，她"脑袋空空，不会思考，言语不多，但也从不安静；因此，她坐着干活时，掉了针、断了线或者看到衣服上有尘埃，她一定会评论一番，从不介意有没有人回应她"。简家里的女性都忙忙碌碌，但是肯定也有很多宝贵的安静时间，这时她就会趴在小红木书桌上奋笔疾书，塑造出了美丽、迷人的范妮·普赖斯、爱玛·伍德豪斯和安妮·埃利奥特。我相信，我和姐妹、堂表亲戚去查顿拜访时，肯定屡屡干扰了这神秘的创作过程，但是我们当时并不知道自己是在捣乱。当

然，我们也没有看到她有一点烦躁或者生气的表示，所以没有谁往这方面去想。

由于前期准备充分，简的作品一出版就一发而不可收。《理智与情感》出版于1811年，《傲慢与偏见》是在1813年年初，《曼斯菲尔德庄园》是1814年，《爱玛》是1816年年初；而《诺桑觉寺》和《劝导》则是在她去世后的1818年出版的。后面我会解释为什么《诺桑觉寺》是早期创作的，却直到后期才出版。她的前三本小说由出版商埃杰顿（Egerton）出版，最后三本是由默里（Murray）出版。她去世之前出版的四本书，总收入不足七百英镑。

《理智与情感》是怎么出版的？作品第一次出现在公众面前时简是怎么想的？这些我手头都没有记录。但是，简写给她姐姐的三封信件的选段，生动地展示了她是多么关心读者对《傲慢与偏见》的接受情况，她曾多么认真地修改自己的作品，并且删掉了很多内容：

查顿，（1813年）1月29日

亲爱的卡桑德拉，希望你收到了我周三晚上托 J.邦德转交的小包裹。周日你还会收到我的信，因为我觉得今天必须给你写信。我想告诉你，我已经收到了来自伦敦的亲爱的宝贝。星期三我收到了由福克纳（Falkener）送来的一套，亨利留了三句话，说已经给查尔斯寄了一套，并通过公共马车送到了戈德默舍姆庄园一套……我们今天的报纸将第一次打广告，费用是十八先令。接下来的两部一英镑一先令，最愚蠢的那部是一英镑八先令。书送来的那天晚上，B小姐和我们一起吃了饭，然后开始研究，给她朗读了第一卷的一半。在此之前，收到亨利的消息说书很快就会出版，我们一直希望书出了他就给我们寄来。我相信，这么快就拿到书完全出乎她的意料。她被逗乐了，可怜的人！你知道，有这样的两个人引导着，她也没办法，但她看起来确实喜欢伊丽莎白。我必须承认，我觉得伊丽莎白是所有出版过的书中最可爱的人物，我至少不清楚如何去忍受那些不喜欢她的人。书中有几处印刷错误；有时，加上"他说"或者"她说"，会让对话更加清晰。但是，"我不为愚钝的小精灵写书"，他们本没有多少智慧。第二卷比我原先想的要短，但是实际上差别没有看起来那么大，因为这一部分中有更多的叙述。然而，我成功地对全书进行了删减，我想总字数一定要比《理智与情感》少得多。现在我要试着写点其他的东西。

查顿，（1813年）2月4日，星期四

亲爱的卡桑德拉，很高兴收到你的来信，谢谢你的夸奖。信来得正是时候，因为我感到一阵阵厌恶。我们第二天晚上给B小姐读书，让我不太开心，但是我猜可能是因为母亲读得太快了。尽管她能完全理解书中的人物，但是她无法按照他们的语气说话。但是，总体来看，我可以自鸣得意、自我满足了。小说太轻松、太明亮、太欢快了，它需要黑暗。如果可以的话，应该随处插上一章理性的文字；要不就干脆来一些与故事无关的既庄重又似是而非的胡言乱语；要不来一篇谈论写作的文章，一篇关于沃尔特·司各特的评论，一段波拿巴的历史，或者某种与充满幽默和警句的整体风格形成对照的东西，能够带给读者更多乐趣……我发现的最大印刷错误出现在第三卷第220页，两句话合成了一句。也许朗伯恩（《傲慢与偏见》中的地名）没有举行晚宴就好了。但是，我认为这是由于贝内特夫人还保留着梅里顿的老习惯。

下面这封信似乎写于1813年2月，时间与前两封信差不多。

亲爱的卡桑德拉，这次给你回信够迅速吧。除此之外，我想这封信也没有其他可取之处了。但是很难说，这也许是一封令人开心的长信吧。读了整部作品之后，你能告诉我你所做的，我特别高兴，范妮的赞扬也让我很欣慰。我对她抱有很大的希望，但是没有什么是确定的。她喜欢达西和伊丽莎白就足够了。如果她愿意的话，她可以讨厌其他所有人。我今天早晨收到了她亲笔写下的意见，但是我事先读过你的转述，我当时和现在都同样喜欢。当然，对我来说都是赞扬，但是她告诉你的更准确的事实就够好了……周三的聚会算不上不愉快，不过男主人最好不要那么焦虑不安，而且应该更健谈一些。X夫人提到她已经把《遭到拒绝的演讲》寄给了H夫人，我便开始和她稍稍讨论了一番，并希望她能够从中得到乐趣。她回答说："哦，是的，亲爱的，非常有趣，打开房门，小提琴就会响起！"可怜的女人，她是什么意思，谁能说清楚呢？我没有深究。一伙人准备玩惠斯特纸牌游戏，肯定要用到圆桌，我跟母亲说了个借口就离开了，剩下的人正好坐满一桌，就像格兰特太太家的一样（此时《曼斯菲尔德庄园》已经接近完成。

《傲慢与偏见》插图。

to be fond of dancing was a certain step towards falling in love

这里指的是该书第二十五章的圆桌牌戏）。我希望他们这一桌玩得开心。母亲很好，织手套织得不亦乐乎，现在是心无旁骛。我们在大量读书，她读的是约翰·卡尔爵士的《西班牙游记》，我读的是从读书协会借的一本八开的书，皇家工程师部队的帕斯利上校写的《论大英帝国的军事政策和军事机构》，这本书我刚开始不喜欢，但是后来发现它很有趣。我喜欢上了这个作家，就像过去喜欢克拉克森和布坎南，或者城里的两个史密斯先生一样。这是第一个让我心动的战士，他的作品具有强大的力量和精神。此外，昨天，他带给我们《格兰特太太的信》，还带来了怀特先生的问候信；但是，我已经把它们——包括问候信等——都转赠给了P小姐。在查顿有这么多的读书人或藏书者，如果必要的话，再用两周时间处理好肯定没有什么困难。接下来两周，我要把格兰特太太的书转赠给X夫人。一年有五十二周，哪一周把三卷书放到她的桌子上，对她来说没什么区别。有人问我，从前的牧师手持铃铛、书和蜡烛把罪人逐出教会时，会用什么誓言，但是我实在爱莫能助。你在那里（马尼唐），也许你能了解它的起源。那里的女士们每天都在早餐馆阅读愚蠢笨重的四开本图书，她们肯定什么都知道。我讨厌四开本的书。帕斯利上校的书太好了，不适合那帮人。他们不会理解一个能把思想浓缩到一本八开书中的男人。我从约翰·卡尔爵士那里获悉，直布罗陀没有总督府，我必须把它改为长官府。

下面这封信写于同一年，不过涉及的主题不同。信中讲述的是简乘坐兄长的两轮马车从查顿前往伦敦的情境，夏日漫长悠闲，一路上能够饱览无数美景；而现在，游客乘坐快速列车，仅需一个多小时就能迅速到达目的地，但是却几乎什么都看不到。

斯隆街，

（1813年）5月20日，星期四

亲爱的卡桑德拉：

我先告诉你一件事，我把一张包满半便士的纸放在了客厅的壁炉台上，是我自己放上去的，但是却忘了带走。我说不上缺钱，不过该我的就是我的，魔鬼也是如此。昨天的天气真是好啊！这个湿漉漉的早晨更是让我们这么想。昨天没怎么下雨，马车盖被吹起来了三四次，不过那点阵雨简直算不了什么。可是，我们到达猪背岭时，雨似乎下得很大。当时我想查顿也可能下大雨，让你没必要地为我们心疼。我们用了三小时一刻钟的时间，才到达吉尔福德（Guildford），就在那里待了两个小时，刚好办完必须办的事情。也就是说，吃一顿舒服的早餐，检查马车，跟哈林顿先生结账，之后进行简短的漫步。根据漫步时看到的风景，我认为吉尔福德的位置非常好。我们希望兄弟姐妹们都能和我们一起站在玩滚木球的草地上，朝霍舍姆方向眺望。我的手套买得很巧——是在我去的第一家商店买的，花了四先令。我去这家商店是因为它很近，而不是因为它看起来更像手套商店。所有人都会想而且预言手套肯定不好，不过是否物有所值还有待考证，但是我觉得还是不错。十一点四十分，我们离开吉尔福德（希望有人会注意这些细节），约两小时后到达伊舍（Esher）。总体而言，我比较喜欢这片乡野。吉尔福德和里普利（Ripley）的沿途风光特别漂亮，潘恩歇尔（Painshill）周围也是如此。我们晚饭前去伊舍的斯派塞先生的庄园散步，发现这里也是风光绮旎。我说不出我们还没有见过什么，但是我觉得，我们饱览了英格兰的风光，森林、草地、庄园，或者其他非凡的景点都展现在我们眼前，不是在这边，就是在那边。克莱尔蒙特（Claremont）要出售了：现在属于一个叫埃利斯的先生。这座房子似乎从来没有兴旺过。晚饭后，我们一边前行，车夫一边赶上我们；等他赶上我们时，我们离金斯顿已经不远了。我猜我们到达这座房子的时间是六点半左右——一共走了十二个小时，马都累得够呛。我也非常累，很高兴能早点上床休息，但是今天感觉很不错。我一个人住在前面的起居室，非常舒服，只有你来陪伴，我才会说声"谢谢"。这种安静很适合我。我计划拜访两个人，但是天气耽误了我不少时间，只剩下几分钟的时间跟夏洛特·克雷文（Charlotte Craven，即现在雷登汉姆的波伦夫人，当时在伦敦上学）坐了坐。她气色很好，头发向上盘起，看起来十分优雅，很有修养。她的举止自然不矫饰，让人感觉舒服得体。她今天收到了母亲克雷文太太的来信，说要在奇尔顿（Chilton）待两周。我只见过夏洛特，这正合我意。有人先领我到了楼上的客厅，后来她来这里找我，房间一点也不像书房，里面放满了现代的精致物品，让我觉得很有趣。

你的简·奥斯汀

下面这封信写于次年，讲述了她和哥哥亨利去伦敦的另一次旅行，还和他一起读《曼斯菲尔德庄园》的手稿：

亨丽埃塔街，

（1814年）3月2日，星期三

亲爱的卡桑德拉：

你认为昨晚我们在吉尔福德，不过你错了。我们其实是在科巴姆（Cobham）。到达吉尔福德后，我们发现约翰和马匹都累坏了。所以，我们只能像在法纳姆（Farnham）那样——坐在马车上，直到换上新的马匹，然后

直接赶往科巴姆。到的时候已经七点了，八点左右我们坐下来，吃了顿非常美味的烤家禽。我们一路走得非常愉快，科巴姆的一切都令人舒服。我都没法支付欠哈林顿先生的钱了，这是唯一的憾事。不过，我将来会还哈林顿先生的，还有欠母亲的两镑，至于欠你的钱就得看运气了。直到本特利·格林农场，我们才开始读书。到目前为止，亨利的赞许几乎跟我心中希望的一样。他说，他觉得这本书不同于其他两本，但是似乎并不认为它有逊色之处。他刚刚读到R夫人结婚，恐怕已经读过了书中最有趣的部分。他非常喜欢B夫人和N太太，还对人物的刻画大加赞赏。他理解这些人物，譬如范妮，我想他也能预见故事的结局。昨晚，我读完小说《女主角》，觉得很有趣。但是，詹姆斯并不是那么喜欢，真让我纳闷儿。这本书给了我很多乐趣。我们十点才上床睡觉。我疲惫不堪，但是经过一夜酣睡，今天终于精神十足。目前，亨利还

没有抱怨什么。八点半，我们离开了科巴姆，中途在金斯顿休息，吃了早餐，在这所房子里待到接近两点。巴洛尔（Barlowe）先生满面笑容地在门口等待我们，我们问他有什么消息，他说人们都觉得将会迎来和平（1814年3月，巴黎陷落，4月拿破仑退位）。我进了卧室，打开帽盒，给P小姐寄了两封信，使用的是两便士邮政寄。B夫人过来坐了会儿，现在我在前厅新书桌上写信。外面在下雪。昨天下了暴风雪，夜里下了很重的霜，这让我们从科巴姆到金斯顿的路程充满艰辛。由于街上很脏，积雪很厚，亨利找了两匹领头马，我们才走到了斯隆街的尽头，要不然他自己的马可干不了这么重的活。走在街上，我一直在注意面纱，看到几个普通人头上戴着面纱，我觉得特别有意思。现在，你们怎么样？——特别是你，昨天和前天都为我们担心。我希望玛莎又去拜访了你们，带去了快乐，你和母亲就会吃到你做的牛肉布丁了。明天一早醒来，希望我能想起扫烟囱的人吧。我们已经订到周六德鲁里巷剧院的座位，人们争相去看基恩（Kean，当时著名的莎剧演员）的演出，所以只能买到第三排和第四排的票。幸好是在正面包厢，我希望我们能好好欣赏——《夏洛克》对范妮来说是一部好戏——不过，要让她受感动不太可能。佩里戈尔太太刚刚来过，她告诉我，我们欠她主人染丝绸的钱。我那可怜的旧棉布一直还没有染。他们都答应过我好几次了。印染工们真坏，他们先把自己的灵魂浸泡在了猩红的罪恶之中。现在是傍晚，我们喝了茶，我迅速翻了翻《女主角》第三卷，我觉得不比前两卷逊色。这是一部有趣的滑稽戏，特别是体现出的拉德克利夫（Radcliffe，英国哥特派小说家）风格。亨利继续读《曼斯菲尔德庄园》。他喜欢亨·H.克劳福德，确切地说，他可能觉得他是个聪明、让人喜欢的人。我把知道的好消息全告诉你了，我知道你很乐意听。我们听说基恩先生比以前更受人喜欢。接下来的两周，德鲁里巷剧院没有好座位了，但是亨利打算为两周后的周六订几个座位，因为那时你就来了。向小卡丝转达我的爱。我希望她昨晚觉得我的床很舒服。我在伦敦还没见过谁的下巴像句法博士（William Combe，长诗中的人物）那么长，也没见过谁的块头像戈格马格里克斯（Gogmagolicus，传说中的巨人）那么大。

爱你的，

简·奥斯汀

第七章

隐姓埋名的生活

与文学界的隔绝—摄政王的关注—
与克拉克先生的通信—让她改变写作风格的建议

简·奥斯汀过着与文学世界完全隔绝的生活，跟同时代的作家之间既没有通信，也没有个人交往。很可能，她从来没有跟与她天分和名气相当的人交往过。所以，她的能力从未通过与智慧更高一筹者碰撞而得到磨砺，她的想象力也没有因为他们的建议而得到丰富。她写出来的任何文字，都是真正属于自己的作品。在她人生的最后两三年里，尽管她的作品在公众中的地位越来越高，但是这并未扩大她的交际圈。很少有读者知道她的名字，即便知道她的名字，人们也根本不了解她本人。我怀疑是否还有哪个著名的作家像她这样默默无闻。我想不出有跟她类似的作家，但是有很多人正好与她恰恰相反。范妮·伯尼，也就是后来的达巴雷夫人，早期颇受约翰逊博士的赏识，在思罗尔夫人和乔舒亚·雷诺兹先生的饭桌上，经引见她认识了当时的才子和学者。安娜·苏厄德在利奇菲尔德设立了圣坛，如果不是相信所有诗歌爱好者的眼睛都会虔诚地注视着她，她会过得非常悲惨。乔安娜·贝利和玛丽亚·埃奇沃思都不喜欢沽名钓誉，她们喜欢和家人待在一起，乔安娜和哥哥姐姐住在汉普斯特德的别墅里，玛丽亚则住在遥远的爱尔兰。但是，她们还是出了名，沃尔特·斯科特爵士就最喜欢跟她们通信。克拉布通常隐没在乡村教区，不过有时会去伦敦，在霍兰德府邸就餐，受到与诗人坎贝尔、穆尔和罗杰斯同样的待遇。有一次很值得纪念，克拉布去爱丁堡斯科特的家中做客，恰逢全城隆重接待乔治四世，场面非常壮观，但华丽得似乎有些不和谐。他们很少抛头露面，引发了世人的无尽遐想，还特地为他们创造了一个新词——"湖畔诗人"。夏洛蒂·勃朗特的一生，主要是在偏僻的地方孤独地度过的。相比之下，史蒂文顿、查顿也许算得上是热闹的地方了。然而，夏洛蒂获得的荣誉，却从未降临到简的头上。简去伦敦拜访热心的出版商时，文

人墨客纷纷应邀跟她见面：特别荣幸的是，她受到了萨克雷的关注。有一次，在威利斯屋（Willis's Rooms），简羞涩颤抖地穿过挤满王公贵妇的大街，这些人凑到近前只是为了一睹《简·爱》作者的芳容。米特福德小姐也是住在安静的"我们的村庄"里，把时间和才华都耗费在了她的父亲身上，其实她父亲也许配不上她的付出。但是，她住在这里，也并不是默默无闻。她创作的悲剧让她在伦敦声名鹊起。米尔曼（Milman）和塔尔福德（Talfourd）都和她有通信联系。她的作品就是通行证，让她加入了原本不欢迎她的社交圈。如果假设有一个人会把奥斯汀小姐的作品和作者本人联系起来，那么就会有几百人因为米特福德小姐的作品而仰慕她本人了。几年前，一位绅士参观温彻斯特大教堂，想看看奥斯汀小姐的坟墓。教堂司事问道："先生，您能否告诉我这位女士到底有什么特别之处吗？为什么这么多人想知道她葬在何处？"

大多数人都和这位司事差不多，奥斯汀在世的时候他们对她一无所知。不过，确实几乎没有谁了解"这位女士到底有什么特别之处"。

直到生命的尽头，在简看到自己生前最后一部作品出版时，她才获得了唯一一次出名的机会。这一次能够引起人们的关注，是源自上流社会，也不是因为她有多出名。事情的经过是这样的。1815年秋，哥哥亨利高烧得非常厉害，简便去汉斯广场哥哥的家里照顾他，帮助他康复。给他看病的是摄政王的一个医生。此时，简已经不再想方设法隐瞒自己的名字，尽管仍然没有把名字印在图书封面上，但是所有想知道的人也许轻易就能知道书的作者是谁。因此，这位友好的医生也清楚照顾病人的这位女士就是《傲慢与偏见》的作者。后来有一天，医生告诉她，摄政王欣赏她的小说，经常读她的作品，在每个住所里都放着一套她的书。所以，他自己觉得应该告诉摄政王奥斯汀小姐正在伦敦，因

此摄政王吩咐卡尔顿宫的图书馆管理员克拉克负责联系奥斯汀小姐。第二天，克拉克先生来了，邀请奥斯汀去卡尔顿宫，说自己奉摄政王之命带她去参观图书馆和其他建筑，而且一定会对她多加关照。奥斯汀当然接受了邀请，在参观卡尔顿宫期间，克拉克先生转达了摄政王的意思，说如果还有任何其他小说要出版的话，可以把它献给摄政王。因此，她马上就把正要出版的《爱玛》献给了摄政王。

克拉克先生是克拉克博士的哥哥，克拉克博士是旅行家和矿物学家，奥特主教（Bishop Otter）还为他写了一本传记。简发现克拉克先生不仅是一位彬彬有礼的绅士，而且还非常欣赏她的才华。不过，从他的信中可以看出，他并不能完全理解简的能力，也不知道她是如何发挥这些能力的。下面所附的就是两人之间的通信。

收到摄政王的口头允许后，简唯恐犯错，便给克拉克先生写了下面这封信：

1815年11月15日

先生，我必须要问您一个问题。上周一在卡尔顿宫，我得到了您的许多赞许和关照，您告诉我可以把将来的作品献给摄政王殿下，我不需要再征求意见。至少，我相信您是这样说的。但是我非常想知道这究竟意味着什么。我恳求您好心告诉我该如何领会这个命令，我是否要把正在出版中的作品献给摄政王殿下，以表达我的敬意；我不希望让人觉得我冒昧唐突或者不领情。

下面是克拉克先生亲切的回信，并且还附有肯定会让人感到惊讶的建议。

卡尔顿宫，1815年11月16日

尊敬的夫人，当然您并非一定要把正在出版的作品献给摄政王殿下。但是，如果您愿意现在或者将来向摄政王致敬的话，我非常乐意准予您这样做，不需要再次费心请示。

夫人，您最新的作品，特别是《曼斯菲尔德庄园》，体现了无与伦比的天赋和原则。每出版一部新作品，您的思想似乎都增加了新的能量和辨别力。摄政王读过您所有的作品，都很欣赏。

您的作品让我感到快乐，请接受我最诚挚的谢意。熟读这些作品后，我迫切想表达我的谢意。尊敬的夫人，我也希望您在未来的作品中能够描绘一下牧师的生活习惯、性格和热情，他们应该在大都市和乡村之间度过自己的时光，应该像贝蒂描绘的《游吟诗人》那样：

高兴时沉默，害羞却满怀深情，
他看似一本正经，却极为悲伤；
他放声大笑，但无人知道原因。

不管是戈尔德史密斯，还是拉方丹在"家庭画"中，都没有描绘出我心目中的英国牧师，至少是现在的牧师，他们都热爱并且投身于文学，深得大家的喜欢。尊敬的夫人，恳请您对此进行深思。

相信我任何时候都怀着真诚和

敬意，

您忠实、感激的仆人，

图书管理员 J. C. 克拉克

下面这封回信表明，《傲慢与偏见》的作者觉得自己没有能力刻画一位热情的牧师，就像贝蒂笔下的游吟诗人那样：

尊敬的先生，现在我的《爱玛》即将出版，我觉得应该告诉您，我没有忘记您好心的建议，让我早日向卡尔顿宫呈送一本，跟信件一起寄给您；默里先生承诺说会把这本书送给摄政王殿下，会比正式出版提前三天。尊敬的先生，我要借此机会向您表示感谢，谢谢您对我其他小说的高度赞赏。我太爱慕虚荣，不想让您相信自己的赞美言过其实。目前，我最担心的就是第四部作品会抵消其他作品的长处。关于这一点，我想冒昧地说，无论我对它的成功寄托着什么样的希望，我一直坚信，那些喜欢《傲慢与偏见》的读者会觉得它缺少风趣，那些喜欢《曼斯菲尔德庄园》的读者会觉得它太理性。即便如此，我还是希望您能收下一册。默里先生会按照吩咐给您送去的。您认为我有能力按照您在11月16日信中所说的那样描绘一个牧师的形象，我非常荣幸。但是，我要说的是自己委实力不从心。牧师的喜剧特征，我还可以刻画，但是他的善良、热情和文学修养，我难以胜任。有时，牧师的谈话肯定会涉及科学和哲学，而我对此一无所知；或者说，他至少会不时地引经据典，而像我这样的女人，仅仅懂得母语，这类作品读得很少，实在无能为力。在我看来，接受过古典教育或者至少谙熟古代和现代英国文学，对于准确刻画你们牧师是必不可少的。我认为，在胆敢当作家的女性中，我也许可以毫不夸张地说我是最没学识、最无知的女性。

相信我，敬爱的先生，

您感激、忠实、谦卑的仆人，

简·奥斯汀

然而，克拉克先生并没有丧失信心，而是继续提出了另一个话题。他最近被任命为利奥波德王子的专任牧师和私人英语秘书，这位王子即将与夏洛特公主喜结连理。他又一次写信表达摄政王对已经收到《爱玛》的感谢，并建议说"一部描述威严的科堡宫的历史传奇将会非常有趣"，把它献给利奥波德王子会非常合适。这很像安排威廉姆·罗斯爵士去画一幅伟大的战争画。看到奥斯汀在下面这封信中如此郑重地拒绝一个肯定让她觉得荒唐的提议，真是有趣。

尊敬的先生，收到摄政王的感谢，我备感荣幸。您如此高抬我的作品，我非常感激。我还要告诉您，我已经收到汉斯广场之前寄来的一封信。请相信，其中的友好意愿，让我充满感激，希望您能体谅我的沉默，我只是不希望通过无谓的致谢占用您的时间，这的确是我的真实意图。不管是凭借自己的才华和文学追求，还是通过摄政王给予的恩宠，您现在都受到了应有的关注，在此送上我最美好的祝愿。我希望您最近得到的任命是未来攀升的一个阶梯。在我看来，为宫廷效力的俸禄算不上太高，因为这肯定要牺牲很多时间，付出大量感情。

您建议我创作目前也许会让我广受欢迎的作品，我非常感谢。我心中明白，创作一部以萨克斯·科堡庄园为背景的历史传奇，可能会比我现在写的描绘乡村家庭生活的作品带来更多的收益和名气。但是，就像我不能创作史诗一样，我也写不了传奇小说。除了挽救自己的生命，我没有任何其他动机一本正经地坐下来创作一部严肃的传奇。如果必须由我坚持去写，而且不能自嘲或者嘲笑他人，我相信不等写完第一章我就会吊死。不，我必须坚持自己的风格，继续按照自己的方式创作。我可能不会再次获得成功，但是我坚信，按照其他方式写作我会一败涂地。

尊敬的先生，我永远都是您
充满感激和真诚的朋友，
简·奥斯汀
奥尔顿附近的查顿，1816年4月1日

克拉克先生应该想起了智者的提醒"不要强迫河流改道"。如果把河水从大自然赋予它的河道引走，让它流进任意挖掘的河道，它就会失去优雅和美丽。

可是它的路程倘使顺流无阻，

它就会在光润的石子上弹奏柔和的音乐，

轻轻地吻着每一根在它巡礼途中的芦苇，

以这种游戏的心情经过许多曲折的路程，

最后到达辽阔的海洋。

（选自莎士比亚《维洛那二绅士》）

所有小说家，只要拥有足够的才华开辟属于自己的道路，都会抵抗那些企图干涉自己创作方向的建议。没有哪两个作家会像简·奥斯汀和夏洛蒂·勃朗特之间的差异如此之大，夏洛蒂甚至无法理解简为什么会受欢迎，并且坦言自己"不喜欢简塑造的女士和先生们一起生活在优雅但封闭的房间里"。但是，每个作家都会抗拒对自己风格的干涉。一个友好的批评家曾经提醒勃朗特小姐，说她作品的情节太过夸张，冒昧地请她拿奥斯汀的作品进行对比研究，勃朗特小姐的回信是这么写的：

不管我什么时候写另一本书，我想我都不会有你说的"情节剧"的问题。我是这么想的，但是我不确定。我想我会努力接受奥斯汀小姐"温和的眼睛"

发出的建议，去写更多的作品，更好地控制自己。但是我对此都没有把握。当作家写得最好或者最流畅的时候，一种力量似乎会在他们体内苏醒，会随心所欲，成为他们的主宰；只留下自己的命令，指出并坚持使用某些词语——不管性质是激烈还是温和——去塑造新人物，使事件发生意想不到的变化，拒绝深思熟虑的旧想法，并且突然创造和接受新想法。难道事实不是这样吗？我们应该尽力消除这种影响吗？我们真的能够消除吗？

这两位作家，一位用玩笑和幽默的方式避开对自己自由的攻击，另一个用激烈的言辞为自己的主张辩护，维护天才的独立性。这非常符合她们各自的性格特点。

有人提了种种建议，告诉简应该创作什么样的小说，但是对她而言，尽管这些建议可能没有用处，但她还是觉得非常有趣。她留下的手稿中，有一份的题目是《根据各方建议制订的一部小说计划》，一些提建议者的名字写在了所提建议相对应的空白处。

"女主角是牧师的女儿，牧师经历了世事沧桑后已经退休，转做副牧师，而且拥有一小笔财富。他是我们能够想象出来的最优秀的人，品格、性情和举止都完美无瑕，毫无怪异，是他女儿一生的最佳陪伴者。女主角在性格方面也毫无缺点，长得美丽迷人，而且多才多艺。书的开始，是父女俩的长篇对话，语言优雅，语气严肃认真，充满感情。在女儿的恳求下，父亲向她讲述自己的过去。第一卷大部分是叙述。除了他对妻子的爱、他们的婚姻，还提到自己曾经作为一名宫廷出身的著名海军将领的专职教士远航出海。后来，他自己也进了宫廷，因此也参与了许多有趣的事情，譬如他对废除'什一税'的好处提的意见……故事从这里开始，向后发展，包含各种各样惊人的冒险故事。父亲是个典型的教区牧师，酷爱文学。

但是女主角和父亲从未在同一个地方居住超过两周：一个毫无道德、残酷无情的年轻人疯狂地爱上了他的女儿，并展开了疯狂的追求，但是这个恶棍却通过邪恶手段逼父亲离开了副牧师职位。他们在欧洲的一个国家定居后，马上就被迫离开，搬到另一个地方，他们总是结交新朋友，但是最后又不得不离开。这当然有利于塑造各种各样的个性人物，场景总是从一群人转到另一群人，但是并不会鱼龙混杂，所有的好人在各个方面都无懈可击，只有恶人才会有弱点和缺点，他们都堕落到家，臭名昭著，几乎毫无人性。在人生的早期，女主角肯定会遇到男主角：他当然完美无瑕，只是由于过度矜持，才没有开口，吐露情愫。女主角去任何地方，都会有人爱上她，不断有人向她求婚，但是她都会毫无保留地告诉父亲，同时心中很生气，这些男人竟然不首先获取她父亲的恩准。女主角经常会被反面角色带走，但总是被父亲或者男主角救出。女主角经

18世纪女性肖像，雷诺兹画像摹本。这一时期女性开始注重表达自我意识，并要求对自己负责。

常要落魄到依靠自己的才华艰难地养活自己和父亲，挣扎着填饱肚子。还不断地上当受骗，工钱也被骗走，剩下一副骨头架子，饿得奄奄一息。最后，他们在文明社会中走投无路，失去了穷人可以安身的最寒酸的小屋，被迫躲到了堪察加半岛。可怜的父亲身心疲惫，觉得自己大去之日就在眼前，便一下子躺倒在地，用了四五个小时的时间，对可怜的孩子谆谆教导、反复叮咛，最终在表达了对文学的热情和对'什一税'的持有者的憎恶后撒手人寰。女主角伤心了一段时间便踏上了漫长的回归故乡之路，至少有二十次绝境逢生，差点落入大坏蛋的手里。最后，在千钧一发之际，她避开坏人，扑向男主角的怀抱，而男主角则刚刚摆脱束缚他的种种顾虑，正要前去寻找她。此时，一切都真相大白，他们终于幸福地团聚在一起。在整部作品中，女主角交往的圈子都是最优雅的人，都过着非常时尚的生活。"

自从本回忆录第一次出版后，阿尔比马尔街的默里先生就一直非常好心地给我寄来下面这些信的抄本，这都是他父亲负责出版《爱玛》时简·奥斯汀写来的信。信件的话语越来越真挚，说明作者觉得自己的利益得到了应有的保障，有这样一位可以当作朋友的出版商负责出版她的作品，她感到由衷的高兴。

她哥哥曾经给默里先生写信强烈抱怨印刷商延迟出版日期。

汉斯广场23号，

（1815年）11月23日，星期四

先生，上周一我哥哥写信没有起到多少作用，所以我担心我写信也不会有多少效果；但是我也对印刷商的延迟非常失望，所以我很想知道您能否催促他们快一点。照现在的速度，不但在本月底前完不成，到下个月月底之前也很难完成。我打算在12月初离开伦敦，所以不能再耽搁更多时间了。如果出版商知道本书是获得恩准献给摄政王的，他们会不会加快速度，尽量按时完工呢？如果您能促进本书的印刷，我将非常高兴。现在归还我哥哥借阅的《滑铁卢》，并表示感谢。我们经常听说司各特在书中对巴黎的描述。如果不和其他安排冲突，而且也已经开封了一套，能否借给我们一阅？请相信，我们一定会百般呵护。

> 先生，我永远是您冒昧、
> 卑微的仆人，
> 简·奥斯汀

汉斯广场，（1815年）12月11日

尊敬的先生，我看到广告说《爱玛》最早在下周六可以出版，我认为最好能抓紧时间把剩下的问题都解决好，这样做能尽可能少占用您的时间。

首先，请您理解我把所有与作品出版有关的条件都交给您决定，凭借您每次处理这种事情的经验，为图书出版做最好的准备。只要您觉得最好，我都会非常满意。标题页一定印上"爱玛，获

准献给摄政王殿下"。我特别希望，能够事先做好一套，在小说面世前两三天呈送殿下，应该送给卡尔顿宫的图书管理员 J. S. 克拉克先生。在作品出版后，我还要列出一份名单，麻烦您送给每人一套。书不要封装，第一页上题写"作者赠送"。

非常感谢您借书给我，现在把它们归还给您。请相信，我很清楚您为照顾我的便利和心情所付出的努力。我也寄回《曼斯菲尔德庄园》准备出版第二版，我相信，我会尽力做好。我将在汉斯广场待到16日，此后我要去查顿、奥尔顿和汉普郡。

> 尊敬的先生，我永远是您忠实、
> 谦恭的仆人
> 简·奥斯汀

我希望您能费心让送信人捎句话来，写明献给摄政王那套书准备妥当的日期。

汉斯广场，（1815年）12月11日

尊敬的先生，我对您的尽职尽责非常感谢，觉得一切都安排得令彼此满意，我感到很高兴。我对标题页的想法，是源于我的无知，没有注意到献词的合适位置，谢谢您的指正。我绝对不希望在这些方面出现任何偏差。我非常高兴有您这样一位朋友能帮我避免犯错误造成的恶劣影响。

您诚挚的，

来自简·奥斯汀

查顿，1816年4月1日

尊敬的先生，现在归还您的《季度评论》，非常感谢。我认为，《爱玛》的作者没有理由抱怨杂志对她的评价，但是竟然对《曼斯菲尔德庄园》只字未提。我只能感到遗憾，评论《爱玛》的人这么聪明，竟然认为它不值得关注。摄政王已经收到我送给他的那套漂亮的《爱玛》，并表达了谢意，您听说后也会非常高兴。不管他怎么看待我的作品，您为此书的付出都值得肯定。

因为最近亨利埃塔街发生的事（这里指亨利·奥斯汀经营的银行破产），如果您有事要给我写信，请直接寄给我（简·奥斯汀小姐），地点是靠近奥尔顿的查顿。如果是更大的包裹，您可以用科利尔的南安普顿邮车寄到上述地址。

尊敬的先生，

我是永远忠诚于您的，

简·奥斯汀

大约在同一时间，伯爵夫人莫利和《爱玛》的作者写过以下信件。我不知道她们是否私下相识，也不知道这种交往是如何开始的。

下面是伯爵夫人莫利写给简·奥斯汀小姐的信：

萨尔特伦，（1815年）12月27日

夫人，我一直在焦急地等待看到《爱玛》，您能想起我来，让我不胜感激，这将会使我提前几天熟悉这本书中的主人公。我已经和伍德豪斯一家都熟悉了，他们会和贝内特一家、伯特伦一家和诺里斯一家一样让我觉得有趣。我会给他们最高的评价。

　　　　　　　夫人，我对您感谢之至，

　　　　　　　　　　　　F. 莫利

　　下面是简·奥斯汀小姐写给伯爵夫人莫利的信：

1815年12月31日

　　夫人，很荣幸收到您的来信，而且您如此喜欢《爱玛》，在此一并致谢。在我怀疑世人能否接受本书之际，能第一时间得到您的赞许，我特别欣慰。这让我相信《爱玛》像之前几本书一样会受到好评，也让我相信我还没有像很多作家那样，越写越烂。

　　夫人，我是您充满感谢的忠实仆人，

　　　　　　　　　　　　简·奥斯汀

第八章

声名鹊起

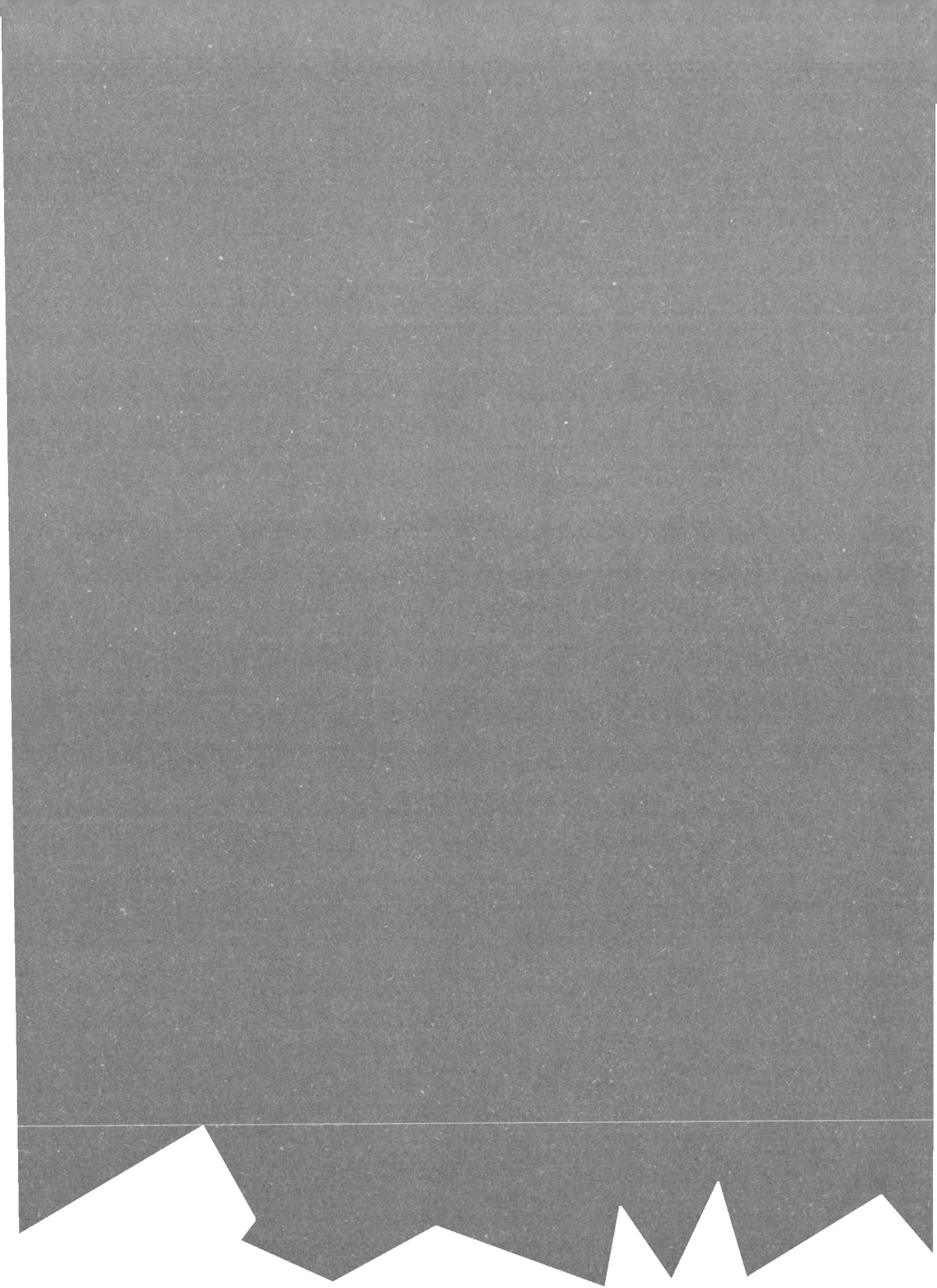

漫长成名路—首次尝试出版失利—
对作品截然不同的两种评价

　　在文坛，几乎没有谁比简·奥斯汀的成名之路更漫长了。如今，读者都知道她
在文坛中的地位。读者都听说过惠特利（Whately）主教对其作品的评价，还有麦
考莱（Macaulay）勋爵对达巴雷夫人作品的评价。他们知道简·奥斯汀一步步走
向文坛巅峰的历程，清楚她在真实刻画人物性格方面为什么能与文坛巨匠莎士比亚
齐名。根据这些权威的看法，人们虽未把奥斯汀视为顶尖的文学天才，但是坦率地
讲，她在英国文学殿堂也获得了应有的席位。起初，她的作品备受冷落，鲜有读者
能理解其作品的独特之处，这也许让现在的人难以相信。有时，朋友或邻居得知我
们和简·奥斯汀的亲属关系，会礼貌地给予《理智与情感》或《傲慢与偏见》一些
赞许。但是，如果他们知道，在我们心底，我们把简·奥斯汀与达巴雷夫人或埃奇
沃思小姐，甚至一些令当今读者感到陌生的作家相提并论，他们会觉得我们这家人

太自以为是，实在好笑。在大多数读者眼中，简的作品似乎都平淡乏味、老生常谈，甚至缺少色彩和情趣。有时，我们听到更权威的评论家做出不同的评价，的确让我们感到兴奋。我们也会听说某个伟大的政治家或者杰出诗人高度评价这些作品。我们相信这些作品会受到顶尖评论家的赞许，会用贺拉斯的话来安慰自己，"只要得到有身份、有地位者的赞赏就足够了"。下面这个例子也与此相似。我认识的熟人中，一位最有才华的人曾经说过，他自己心中设立了一个新的评判标准：要衡量一个人的才能，只需看他能否赏识奥斯汀小姐的价值。这句话看似开玩笑，其实说得很认真。

尽管偶尔会听到有人高度赞誉，但是读者并没有给简足够的回报——无论是赞誉还是利润。她得到的回报，不像谷物成熟得那么快，而是像树的生长一样缓慢，必须等到下一季才能收获。她初次尝试出版自己的作品并不顺利。

1797年11月，她父亲给卡德尔先生写信如下：

> 史蒂文顿，靠近奥弗顿，汉普郡，
>
> 1797年11月1日
>
> 先生，我这里有一部小说手稿，共三卷，长度和伯尼（Burney）小姐的《埃维莉娜》差不多。我很清楚，如果这部作品由您这位可敬的出版商出版，它的问世会多么有意义，因此我特地向您申请。如果作者自费出版，费用是多少？如果您觉得本作品不错，请问您愿意支付多少版税？经您审核后，若能告知我您的看法，我将不胜感激。若您略感兴趣，我就会把作品寄给您过目。
>
> 先生，我是您谦恭的仆人，
>
> 乔治·奥斯汀

在回信中该提议遭到了反对！根据时间推算，被拒绝的作品应该是《傲慢与偏见》。

《诺桑觉寺》的命运，则更令人蒙

羞。1803年，这部作品以十英镑的价格卖给了巴斯的一名出版商，但没有受到他的青睐，他宁愿损失十英镑也不愿再冒险出版这部作品。书稿躺在这位出版商的抽屉里多年无人问津。这有点像《威弗利》的前几章混在渔具中被遗忘在司各特的橱柜里。看起来，蒂尔尼一家人、索普一家人以及莫兰一家人显然要被永远遗忘了！但是在出版了四部小说后，简越来越成功，信心大增，她希望能买回这部早期作品的版权。她的一个兄弟前去谈判，结果发现购买商也渴望收回自己买版权的费用，并愿意放弃版权。交易结束，钱已付清后，她兄弟才告诉这位书商，这部备受冷落的作品其实出自《傲慢与偏见》的作者之手。我认为简·奥斯汀并没有因为早期的失败而气馁。她写作的目的是自娱，能挣钱是好事，但是她过着平静的家庭生活，不需要多少花销。最重要的是，她性格开朗，容易满足，谦恭有加，对自己的所得看得很轻。从《理智与情感》

的销售中获利一百五十镑，她就认为这已经是一笔巨大的报酬了，因为写作不需要任何花销。然而，这并不是说她没有意识到自己的写作技艺要超过同时代的一些昙花一现的作家。实际上，通过下述从她的两封信中摘取的文字可以看出，她指出了一些创作中的荒谬之处，正如她对现实生活中的荒谬之处也非常敏感一样。

C先生的意见已加到我的建议簿中，但是我的建议簿只涉及《曼斯菲尔德庄园》，所以我正好有借口拒绝D先生的意见了。我会尽快写一部类似《自我控制》的小说，挽回我在他心目中的声誉。而且，我会超越这本书。我的女主人公不会独自驾船在美国的一条河里漂流。她将会以这种方式横跨大西洋，一直驶往格雷夫森德。

我们书社有一本名为《罗珊》的书，该书和你描述的非常像，写得很好，很巧妙，只是有点乏味。霍金斯夫人擅长写严肃的题材。书中有一些关于宗教的对话和反思非常有趣。但是对于一些更轻松的话题，我觉得她写得有些荒谬滑稽。至于爱情，她塑造的女主人公的感情经历非常滑稽。小说中有许多不符合现实的东西。你记得到最后才出现的两个奥姆斯丹（Ormsdens）小姐吗？我认为非常无趣，也很不自然。我更喜欢的是科萨特（Cossart）夫人。

《季度评论》刊登过对简·奥斯汀作品的两篇评论。一篇发表于1815年10月，另一篇发表于1821年1月，这时简·奥斯汀已经去世三年了。据说，第二篇出自惠特利——后来的柏林大主教——之笔。两篇文章的赞扬程度有所不同，我认为也可以说是他们的写作能力不同。前者表达了一些赞同，后者表现出了最强烈的钦佩。我们对第一位作者的评论才华很难满意，该作者在评论《理智与情感》时，忽视了书中对很多人物的精彩描述，只是宣称："小说的

趣味和价值完全取决于姐姐的表现！"他指出，在《傲慢与偏见》中，伊丽莎白对达西的感情发生变化，是因为看到了达西的房产和庭院，这种看法是不公正的。不过，这两位评论者的主要差别在于是否欣赏小说中的普通人物和可笑人物。在这一点上，两者是截然不同的，这就像我们有时看到的报刊中的评论专栏，主要是用来批驳某个持不同观点的作家或者政治家。1815年的那位评论者说："这些作品的缺陷在于作者设计的细节。老伍德豪斯和贝茨小姐等愚蠢或头脑简单的人物，首次出场就显得滑稽可笑，但是如果让他们频繁出现或对他们着墨太多，他们就会变得和在现实生活中一样令人讨厌。"与这种观点恰恰相反，1821年的那位评论者指出，小说中对愚蠢人物的刻画正是作者创作才能的特别体现，作者对性格的关注，即使莎士比亚也难以超越。他是这样说的："就像他（莎士比亚）一样，她对愚蠢人物以及理性人物的识别力，同样令人

钦佩。这一能力非同寻常。要想创作出智慧或者风趣的对话，作者要有才华。反之则不然，没有一个傻瓜能够把傻瓜刻画好。很多作家能够成功塑造优秀的角色，但是无法鲜明地塑造普通人物，然而为了忠实地表现现实生活，这些普通人物又是必不可少的。他们向我们展示的仅仅是抽象的愚蠢，但忘了对经验丰富的博物学家而言，同一叶片上的昆虫，也存在着狮子和大象一样的差别。

莎士比亚塑造的斯兰德、夏禄、艾古契克都是傻瓜，但是他们却截然不同，就如同理查、麦克白、恺撒各不相同一样。奥斯汀小姐笔下的贝内特夫人、鲁什沃斯先生、贝茨小姐也互不相同，就像其笔下的达西、奈特利、埃德蒙·伯特伦各有特点一样。一些人抱怨她写的傻瓜太真实，令人厌倦。如果是品位不同，则无可厚非。我们只能说这样的评论者（无论是否在表面上认同既定观点）一定会认为《温莎的风流娘儿们》和《第十二夜》非常无聊。能够欣赏威尔基绘画或者荷兰画派作品的人，肯定承认超强的模仿力可以让现实中无聊或无趣的东西变得富有吸引力。简·奥斯汀对细节的精心雕琢也遭到了质疑。但是，即使读起来让人觉得有些枯燥，我们也不能说这就是瑕疵，因为这点是优秀作品必不可少的。如果没有细节，绝对不可能让读者全面了解书中的人物。如果不了解，读者就不可能发自内心地喜欢。任何人都可以删去《伊利亚特》或者莎士比亚戏剧中所有不重要或者比较枯燥的部分（我们很难说哪部分不能删掉，因此就让他删除全部这样的内容），结果他会发现剩下的内容失去了大部分的魅力。我们相信，一些作家过于谨慎，只写一些具有绝对和独立价值的东西，这反而使作品的效果大打折扣。他们的做法就像认为果树的叶子貌似无用，所以通通摘掉，好为水果提供更多营养，殊不知没了叶子，果实难以完全成熟，便会失去应有的味道。

我觉得大家更认同后一个作者的观点。但是，如果对这两位作者的分歧盖棺定论，完全摒弃前者的观点，也有失公允。事实上，在这两篇评论相继发表相隔的五年时间里，简·奥斯汀的作品被世界文坛领袖反复阅读。大众品位也随着时间的推移而变化，而且"因吸收作品的营养不断成长"。简·奥斯汀创作的这类小说，会随着反复阅读得到丰富，而不是日益匮乏，很有可能这两位评论者都代表了自己所处年代读者的观点。

从那时起，简·奥斯汀的作品便不断得到读者的赞许，而且他们的观点几乎趋向一致。这些作品经常被当作范本；但是它们仍然像最初一样，尤其会让最有智慧的人认可。下一章，我会尽量收入一些他们对简·奥斯汀的赞扬。

第九章

关于简·奥斯汀的评论

.

如果为仰慕我姑姑作品的人列一个单子，我只接纳声名得到普遍认可的人。毫无疑问，她的仰慕者还会越来越多。

在写给埃杰顿·布里奇斯爵士的一封信中，骚塞说道："您提到了奥斯汀小姐，我认为她的小说在本质上更真实，与同时代作家相比传递了更细腻的感情。我对她多有耳闻，也很钦佩她，但是很遗憾，我一直没有机会当面向她表达我的敬意。"

骚塞很可能从亲戚口中听说过简的人格魅力。简有位朋友是比格·威瑟先生的女儿，家住贝辛斯托克附近的马尼唐庄园，嫁给了骚塞的舅舅赫伯特·希尔牧师；他从许多方面帮助过骚塞，尤其是帮助他掌握了大量的西班牙和葡萄牙文学知识。希尔先生担任过里斯本英国工厂的教堂牧师，骚塞曾去那里拜访过他，在他的私人图书馆读过用上述两种语言撰写的图书。骚塞本人也经常提起他的舅舅希尔，言语中充满了尊敬与感激。

有时候，S.T.柯勒律治会突然对奥斯汀小姐的小说大加赞美："完全真实且富有个性的独特作品。"

我记得米特福德小姐曾经对我说："哪怕砍掉一只手，剩下一只手，只要能让我像您姑姑那样创作，我也心甘情愿。"

为J.麦金托什（J.Machintosh）爵士立传的人说："他回忆起奥斯汀小姐小说中人物性格特征惟妙惟肖的刻画……构思这种新小说需要天赋……他很纳闷儿《爱丁堡评论》怎么会无视奥斯汀。《季度评论》对她的评价则更为公正……外国人不可能完全理解她作品的价值。他曾向斯塔埃尔（de Staël）夫人推荐过简的一部作品，但是夫人对此并不感兴趣，在回信中说这部作品很'普通'；然而，爵士却说他回信中写的内容最为真实：'这个词适合任何一本书，但是却很难用在这本书上'……每个村庄都能给奥斯汀提供小说素材。她的小说不需要常见的素材——无论是强烈的情感，还是轰轰烈烈的事件。"（选自《麦金托什爵士传》，第二卷472页）

然而，让外国读者完全领悟这些作品也是有可能的；基佐（Guizot，法国历史学家和政治家）先生这样写道："我阅读过大量小说，但是我很少阅读德国或者法国小说，人物太矫揉造作。我喜欢读英国小说，尤其是女作家写的英语小说。'这完全是一种新的道德学校。'奥斯汀小姐、费里尔小姐和其他女作家形成了一个流派，创作了大量的上乘之作，她们很像典雅时期的戏剧诗人。"

1835年出版的《纪念文刊》中出现了以下诗句，作者是莫珀斯（Morpeth）勋爵，即后来的卡莱尔伯爵七世和爱尔兰总督。诗句配在一幅插图旁边，图中的一位女士正在阅读小说：

你脉搏加速，是为英奇博尔德的精

彩故事，

布鲁顿的高尚道德，还是奥佩的刻
骨悲伤？

和蔼的监护人是否征服过你那谦恭
的气度，

卡罗尔的黑暗篇章和特里维廉的高
雅艺术？

或者是你，完美无瑕的奥斯汀？在
这里摆

上一个简陋的花环，装饰你那过早
的棺材，

它几乎不允许你那羞涩的青春去从
容获得

你确定无疑的声望中那充满活力的
一部分！

哦！贝内特夫人！还加上你，诺里
斯夫人！

只要记忆尚存，我们就会在梦中想
起你们。

伍德豪斯先生，天生一对嘴唇非常
有节制，

必须汲取稀粥，一定要很稀但是不
能太稀。

贝茨小姐是我们的偶像，尽管让全
村生厌；

还有埃尔顿夫人，她总是热情地到
处探看。

你明晰的风格如行云流水，丝毫没
有伪饰，

带着没有污点的纯洁以及无与伦比
的理智；

或者如果以后哪位姐妹能靠近创作
的宝座；

她把这丰富的"继承"称作是自己
的收获。

如果麦考莱勋爵的生命再延长一
些，他可能会以实际行动表达对简·奥
斯汀的敬仰之情。他的妹妹特里维廉夫
人说，他原本计划做我现在开始做的事
情。他打算为奥斯汀小姐写一篇传记，
并对她的作品进行评论，作为她的作品
重新出版时的前言；而且，会利用出售
作品所得的款项，在温彻斯特大教堂为

她建一座纪念碑。噢！这种想法要是实现了，那该多好啊！麦考莱勋爵计划的一部分是为简写传记，这本来肯定可以完成，而对于整个计划而言，这差不多就足够了。他如果能写回忆录，这本身就是一座纪念碑。

经亨利·霍兰爵士的允许，我引用了下面一段出自他回忆录的话，此书已经印刷，但是没有出版：

霍兰勋爵躺在床上看书的情形仍然浮现在我的眼前，当时他受痛风折磨，他可敬的妹妹福克斯小姐在他身旁，一如既往地给他大声朗读奥斯汀的一部小说。勋爵对奥斯汀的作品百听不厌。这些迷人的小说，语言幽默，风格独特，突然呈现在世人面前，对此我记忆犹新。令人伤感的是，作者本人并未看到自己的声望与日俱增。

我的连襟丹尼斯·勒马钱特（Denis Le Marchant）爵士向我讲述了出自他回忆录中的轶事：

我在剑桥大学三一学院读书时，惠威尔（Whewell）先生那时还是研究员后来荣升院长。他经常怀着敬仰之情谈到奥斯汀小姐的小说。有一次，我说觉得《劝导》很无聊。他马上生气地进行辩护，坚称它是奥斯汀最美的作品。这位有成就的哲学家对小说也非常熟悉。他曾经在卡那封郡教几个学生，我回想起他从那里给我写信说，他已经把流动图书馆里的书看了两遍，在那里都待腻了。

1846年，我有一次去博伍德拜访兰斯顿（Lansdowne）勋爵，我们谈到奥斯汀小姐的一部作品，言语之中全是褒奖之词，尤其是兰斯顿勋爵。他说，回顾过去的生活，有一件事让他感到十分懊恼：奥斯汀小姐曾经在他家附近住过几个星期，而他却浑然不知。

我不只一次听过悉尼·史密斯（《爱丁堡评论》的创办人之一）滔滔不绝地赞扬奥斯汀小姐小说的精妙。他告诉我，真应该让奥斯汀在《爱丁堡评论》上看到对她的赞美。范妮·普赖斯（《曼斯菲尔德庄园》中的女主人公）是他最喜欢的人物之一。

沃尔特·司各特爵士在1826年3月14日写过一篇日记，我想以其中的一段话结束这个赞扬奥斯汀的"名家系列"："再读一遍，我已经把简·奥斯汀小姐精心创作的《傲慢与偏见》至少读了三遍了。这位年轻女士在描写普通人物的事件、情感和性格方面极有天赋，我认为她的这种天赋是我见过的人中最优秀的。像现在那些耸人听闻的紧张情节，我自己也可以写得出来，但是用真实的描述和情感把普通事物及角色写得耐人寻味，我却没有这种细腻的笔触。这样一位天才却英年早逝，实在令人扼腕叹息！"（选自洛克哈特的《司各特传》第六卷第七章）在司各特的藏书中，奥斯汀的作品都磨损得比较厉害，这说明他的家人经常阅读。在司各特去世几年后，我前往阿伯茨福德（Abbotsford），经过特许，我带走了其中一本小说珍藏。人们多么希望简能活着，看到这些人是如何评价她的才华，是多么希望能够结识她。我相信这

丝毫不会影响她性格的单纯质朴，也不会在文学声誉的万丈光芒中让我们失去亲爱的"奥斯汀姑姑"。

把这些权威人士的看法与普通读者的观点进行比较，也许会很有趣。奥斯汀去世后，留下了一系列针对自己作品的批评，这是她通过朋友乐此不疲地搜集的。这里面有很多热心读者的同情与赞美，也掺杂着一些可能令人惊讶的观点。

一位女士称《曼斯菲尔德庄园》没什么好的，"只是一部小说"而已。

另一位觉得《理智与情感》和《傲慢与偏见》完全是胡诌八扯；希望自己更喜欢《曼斯菲尔德庄园》，但是读完第一卷后，只能希望后面的内容不要这么糟糕。

另一位也不喜欢《曼斯菲尔德庄园》，觉得其中的人物无聊，语言枯燥。

一位绅士读了《爱玛》的第一章和最后一章，没有读其他的章节，因为他听说这部小说没什么意思。

另一位先生对《爱玛》的看法差到了极点，因此不能把这些看法告诉作者。

"有多少人，就有多少种看法。"

在简去世三十五年后，大西洋彼岸传来了赞美之声。1852年，她的哥哥弗朗西斯·奥斯汀爵士收到了下面这封信：

美国马萨诸塞州波士顿

1852年1月6日

自从批评权威宣布简·奥斯汀作品中对人物的刻画仅次于莎士比亚之后，大西洋彼岸响起了许多钦佩的声音；听说简的天赋得到了甚至包括最高司法机构在内的整个美利坚合众国的广泛认可，简的家人可能会乐于了解这些情况。已故美国最高法院首席大法官马歇尔先生和搭档法官斯托里先生，都高度评价并钦佩奥斯汀小姐。多亏了他们，我们才了解了她的世界。多年以来，她的才华照亮了我们的道路，她的名字以及作品中人物的名字已经家喻户晓。很久以来，我们都想向她的家人表达我们内心涌起的感激和热爱之情，也希望得到除了作品前言中对她的简单回忆之外更多关于她的情况。

偶然听说简·奥斯汀的一个哥哥在英国海军担任高官，我们从现居波士顿的朋友——海军上将沃姆利——那儿打听到了他的地址。我们相信简的亲人会像其笔下的上将一样心地善良、彬彬有礼，会接受我们表达的这份情感。弗朗西斯·奥斯汀爵士或者他家的任何成员，如果能满足我们的请求，我们会备感荣幸。如果奥斯汀能亲笔签名或写几行字，我们将会小心珍藏。

渴望与简·奥斯汀交往并提出这一请求的人来自英格兰。他们的祖先是最早移民到新英格兰的人，享有很高的地位。直到现在，这位祖先的名字和品格都在他的后裔身上得到了充分体现，这些后裔在马萨诸塞州担任各种要职。您可以把信寄给昆西小姐，然后由马萨诸塞州波士顿的约西亚·昆西阁下转交。

弗朗西斯·奥斯汀爵士对此请回复得非常妥当。他寄出了简写的一封长信，而且毫无疑问，正如昆西一家所言，这封信让他们非常自豪。

简·奥斯汀时期英国贵族女性肖像。油画，庚斯博罗作。

第十章

纵观小说

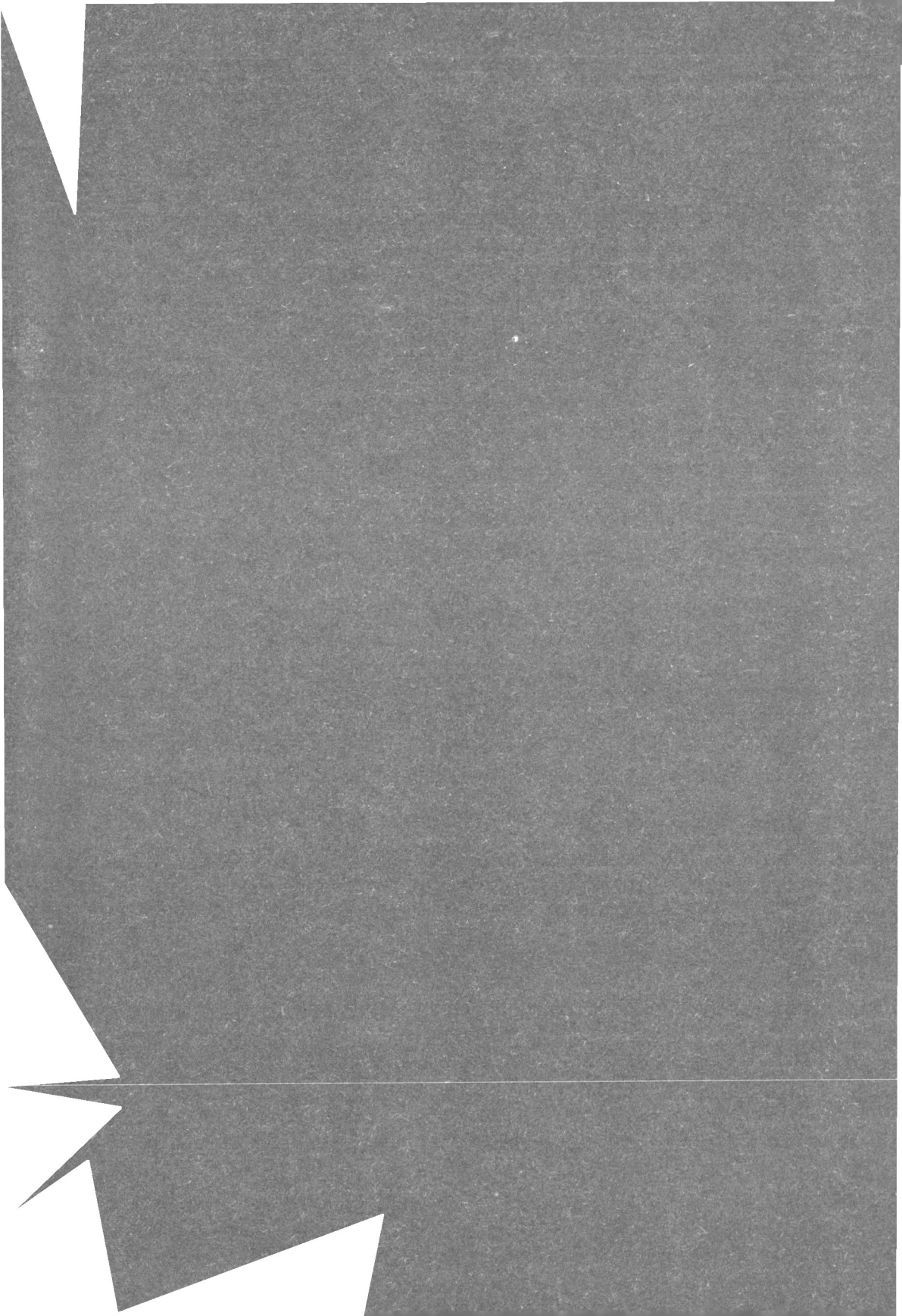

对简·奥斯汀小说的见解

　　撰写这些回忆不是为了对简·奥斯汀的小说进行批评。已经提到的那些方面，她自己生活的状况就可以说明。但是现在，我想谈谈我对她的小说的一些见解，尤其是针对其中的一点，我的年龄使我有资格作为见证人去谈论这一点，即简的小说是否忠实地反映了本世纪初她所属的社会阶层的见解和习俗。有时，有人指责这些小说没有尽力去抬高人们的生活水平，仅仅是如实反映——其实，正因为如此，作品才更忠实地反映了那些见解和习俗。当然，创作这些作品并不是为了说明什么理论或灌输某种道德观念，但是它们的确反映了一种伟大的道德标准，即高尚的道德原则胜过低俗的道德原则，伟大的思想胜过卑微的思想。这一标准来自对真实生活的观察。作品就像照片，没有弱化任何特征，没有采用任何理想化的表述，都是自然面貌的真实反映。这种真实反映，必定会随着时间的推移给社会面貌带来更多的

第十章　纵观小说

变化，因而更有价值。一个典型的例子就是简对神职人员的刻画。她的父亲和兄长都是牧师，他们肯定不属于神职人员的底层。在她的作品中，有三个主人公是牧师。但是现在，没有谁能想到埃德蒙·伯特伦（《曼斯菲尔德庄园》主人公）或亨利·蒂尔尼（《诺桑觉寺》主人公）能对教区牧师的责任有如此充分的认识。然而，这些看法和做法都是当时令人尊敬、尽职尽责的牧师所奉行的，到后来他们的思想被搅乱，先后受到福音派运动和本世纪高教会运动的影响。回顾这一里程碑，也许可以为这个国家感到庆幸，因为它是在前进，而不是在倒退。

《诺桑觉寺》完成于1798年，《曼斯菲尔德庄园》开始于1811年，中间隔了很长时间，这足以解释奥斯汀早期的三部作品和后来的三部作品风格不同的原因。如果前者展现了独创性和文学天赋，那么相比起来后者的瑕疵更少、更精美。约翰·达什伍德一家、柯林斯先生和索普一家的人物形象富有活力，很

有创意，很难被超越。但是，我认为后来的这三部作品表现出的品位更高雅，礼节意识更恰当，对人物内心的洞察更深刻，这标志着豆蔻少女和成熟女性之间的差别。她绝非那种创作过度的作家，但是也许可以断言，如果她没有在查顿重新执笔创作，她的声誉将会更狭窄、更不稳固。

有些人推断，奥斯汀作品中的人物都取材于她生活中熟悉的人。他们太栩栩如生了，大家觉得他们一定在世界上存在过，然后又被她原封不动地搬到了作品中。但是，这种假定忽略了一个天才通过想象把人物塑造得真实自然的能力。人们有时搞不清塑造真实和盲目模仿之间的区别。的确，有一点对作家和画家来讲都适合，即只能借助存在的人，或者他们通过观察人来创作人的面貌和形象；否则，他塑造的就会是怪物而不是人。但是，作家通过高明的艺术把这些特征进行糅合，然后赋予其各种适合作者意图的见解和情态。这是一种

塑造出的真实自然，但是和作者眼前看到的真实自然并非完全相同。这就像蜂蜜只能来自蜜蜂吮吸的花朵，然而它并非花朵的气味或香味的复制，而是已经被蜜蜂加工成了另一种物质。因此，就画家而言，原创作品要胜过肖像画。雷诺兹（Reynolds，十八世纪英国著名肖像画家）为加里克（Garrick，十八世纪英国著名戏剧演员）创作了画作《悲喜剧》，这比只为他画一幅肖像需要更好的技艺。莎士比亚和其他创作天才的作品体现的是创作构思，另外一种则是对具体人物的完全照搬，这两者之间也存在着差别，例如，米特福德小姐的《爱唠叨的绅士》，就画得令人肃然起敬。简·奥斯汀的能力，不论达到什么水平，肯定属于更高的层次。她不照搬具体人物，而是创造富有个性的人物。《季度评论》的一位评论家提到过一位熟人。说自从《傲慢与偏见》出版后，这位熟人就被朋友称作贝内特先生，但是作者并不认识他。简的亲戚从未在她的作品中认出任何熟人。

我能回想起简熟悉的几个人，他们性格怪异，惹人注目，容易塑造，但是在她的作品中找不到这些人的踪迹。一个朋友问到这一话题时，简表示害怕自己所说的"冒犯社交规范"。她说注意他人的怪癖和缺点很正常，但是她渴望去创造，而不是复制。她补充说："另外，我为自己塑造的绅士们感到自豪，不会承认他们就是甲先生或乙上校。"但是，她不认为自己虚构的人物在本质上更优秀。有人提及她最喜欢的两个人物埃德蒙·伯特伦和奈特利先生，她说："他们与我认识的大多数英国绅士截然不同。"

对于自己塑造的人物，简一定是怀着一种母亲般的感情，即使完成最后一章的写作，这些人物也仍然停留在她的脑海里。从她的一封信中，我们可以感受到她对达西和伊丽莎白的个人情感。她把《爱玛》送给一个最近喜得千金的朋友时写道："我相信你见到《爱玛》会非常开心，就像我见到你的女儿杰迈玛一样。"简非常喜欢爱玛这个角色，但她并不指望人人都喜欢她。因为开始创作这部作品时，她说："我将创作一个女主角，除了我自己之外，没人会喜欢她。"如果有人问，她就会讲一些自己塑造的人物将来会发生的很多事情。通过这种传统方式，我们知道斯蒂尔小姐从未成功追到博士（《理智与情感》中的两个人物）；基蒂·贝内特与彭伯利里庄园附近的一个牧师喜结连理，而玛丽最终嫁给了她舅舅菲利普手下的一个员工，被梅里顿的人视若珍宝，这让她非常欣慰（《傲慢与偏见》中的几个人物）；诺里斯

夫人给威廉·普赖斯的"大笔款项"居然是一英镑；伍德豪斯先生在女儿结婚后活了下来，同女儿及奈特利先生共同生活了两年左右才到当维尔定居；弗兰克·丘吉尔放在简·费尔法克斯面前的信件，他没看就撕掉了，而信里却写着"原谅"一词（《爱玛》中的人物）。关于《诺桑觉寺》和《劝导》中的好人，除了书中所写的我们一无所知：因为这两部小说尚未出版，作者就已经去世了，像以上描述的这种有趣的事永远都不会再有了。

第十一章

简·奥斯汀去世

奥斯汀的健康状况每况愈下—精神波动—
顺从与谦卑—去世

　　1816年初，家里发生的一些事情打破了简·奥斯汀宁静的日程生活。她很可能已经觉察到自己身体的不适，后来这疾病夺走了她的生命。春季，她拜访了一些远方的朋友，他们觉得简的身体有些羸弱，还发觉她老是去以前经常去的地方，用特别的方式重温与大家相关的种种记忆，仿佛觉得再也见不到他们了。由于这种情况，她的一些信件开始不同以往，语气更为严肃，表达的多是听天由命，而非乐观向上的想法。至于这些麻烦事，在写给弟弟查尔斯的一封信中，她提到自己突然得了胆汁热病，卧床不起，然后又说："我目前住在楼上，由别人照顾。我是所有人中唯一傻到家的人，但是因为身体虚弱，意志就薄弱。"还有一封写给另一个人的信，信上是这样说的："我现在快要发牢骚了，这是上帝的安排，不过也许还有其他原因。"不过，她的情绪很快就恢复了。那年下半年她给一个侄子写了两封充满简·奥斯汀画像，1873年。

喜悦的信，一封信是这个侄子在温彻斯特学校的时候，另一封是他离开这所学校不久之后写的：

查顿，1816年7月9日

亲爱的E，多谢！谢谢你写信给我，同样也感谢W.迪格维德先生的到访。我们一直很想了解你母亲的情况，很高兴得知她身体日渐康复，不过她之前肯定病得很重。痊愈后，她应该来我们这里换换环境。请向你的父亲转达我的谢意，非常感谢他捎来你的信，也衷心祝愿你的母亲能早日康复。她那里的天气实在太糟糕，不能出门也没什么遗憾。天气真是太糟糕了，而且持续了很长时间，让人无法忍受，我甚至认为永远都不会好转了。这是我的一个小策略，因为我发现，如果一个人信中提及天气情况，那么信还没收到，天气就会彻底转变。我希望这封信也可以证明果真如此，W.迪格维德先生明天到达史蒂文顿时，也许会发现你已经历了漫长的干热天气。眼下家里的人很少，只有我、奶奶和玛丽·简。其他人昨天都乘坐约尔登的马车走了。我很高兴你还记得告诉我你快要到家了，因为信都快读完了也没发现你说这话，我都开始心灰意冷了。我真担心你会因病困在温彻斯特，卧床不起，甚至不能提笔写信；落款史蒂文顿也只是出于好心想欺骗我罢了。但是，现在我深信你是在家里。如果不是这样，你肯定也不会说得这么郑重其事。昨天上午，我们看到无数邮车经过，里面坐满了男学生——他们是未来的英雄、立法者、傻瓜和恶棍。你还一直没有感谢我写的上一封信，那封信可是请一个大人物捎去的。你非得谢我不可。当然你肯定不会来看我们，想都不用想。首先得等到你母亲身体康复，其次你还得去牛津，而且还不能被推选上。之后，换一下生活环境也许会对你有好处，我希望你的医生让你去海边，或者去住一所靠近大池塘的房子。哎呀！又下雨了。雨点正敲打着我的窗户。我和玛丽·简今天已经浑身湿透过一次了。因为我想看一下伍尔斯先生园林改造的进展，所以我们就乘坐驴车去了法灵顿，但是还没到目的地就被迫返回，一路上还是没能躲过瓢泼大雨。我们后来见到了伍尔斯先生，我说这种天气不利于晒干草，他便说对小麦更不利来安慰我。我们听说S夫人没有离开坦吉尔，为什么？你知道我们家的布朗宁走了吗？你下次来的时候，会见到一个叫威廉的小伙子，他帅气、文静、有礼

貌。先写到这儿吧。我写了这么多，我确信W.D.先生会感到惊讶的，因为信纸太薄了，即使不读，他也能数得清到底写了多少行。

爱你的，

简·奥斯汀

在下面的这封信里，我们可以看到简·奥斯汀关于他独特的写作风格的描述，已经附在《诺桑觉寺》和《劝导》的前言中了。

查顿，1816年12月16日，星期一

亲爱的E，

现在我写信给你，其中一个原因是我也许有幸能给先生一些指导，让你离开温彻斯特后感到快乐一点。现在，你可以承认在那里自己有多么可怜了；现在你的罪过、痛苦都将慢慢地浮出水面。有多少次你乘坐邮车去伦敦，然后在酒馆里花上五十几尼；又有多少次你就要自缢，就像被恶人重伤后可怜的老

1801

【简·奥斯汀】

跟随父母和姐姐搬往巴斯。

【英国】

英召集帝国议会，通过《合并法案》，正式吞并爱尔兰。

1804

【简·奥斯汀】

父亲去世。

【英国】

威廉·皮特再度出任英国首相。

1805

【简·奥斯汀】

跟随母亲和姐姐一起移居南安普顿。

【英国】

英国在印度第二次马拉塔战争中失败，双方签订合约。

1811

【简·奥斯汀】
开始构思作品《曼斯菲尔德庄园》。

【英国】
英国捣毁机器的卢德运动兴起。

1815

【简·奥斯汀】
作品《爱玛》出版。

【英国】
英军进攻新奥尔良，大败。

1817

【简·奥斯汀】
病逝，葬于温彻斯特大教堂。

【欧洲】
英国颁布"威逼法"，禁止煽动性集会、结社。

温顿，但是你一直没有自缢，只是因为这座城市方圆几英里内找不到一棵树。查尔斯·奈特和他的同伴们今天上午九点左右会经过查顿，这比以往要晚。我和亨利叔叔瞥了一眼他那英俊的脸，看上去气色很好，状态不错。我知道自己在琢磨什么，但还是不说了。我们都觉得亨利叔叔英俊帅气。我想知道你什么时候会来看我们。我明白自己在思考什么，但是还不能透露。我们觉得亨利叔叔看起来很不错。来看看他现在的样子吧，看过了以后，你也会这么说的。看到查尔斯叔叔无论是身体还是精神都明显好转，我们也很欣慰，他们两个人各有千秋，但是都很随和，相处得非常融洽，所以他们俩的到访让大家非常开心。亨利叔叔布道词写得非常棒，我们俩必须想方设法弄到一两篇，用到我们的小说里，肯定会为小说增色不少。正如《古董家》中伊莎贝拉·沃德在圣·路得的废墟中朗读的《哈茨·德蒙的历史》一样，我们也让女主角在一个

星期天的晚上大声地朗读这些布道词；不过据我回忆，我相信朗读的是洛弗尔。顺便说一下，亲爱的E，我非常担忧你母亲在信中提及的书稿遗失一事，竟然丢失了两章半，真是太怪异了！幸好最近我没在史蒂文顿，应该没有偷窃的嫌疑。丢失的书稿，对我的创作可能非常有用。但是，我真觉得偷了对我一点用处也没有。你的写作风格刚劲有力，充满男子气概，而且丰富多变，富有文采，我怎么能够模仿呢？我总是在小小（两英寸宽）的象牙上细致雕刻，即使付出再多艰辛，也难有上佳之作，我怎么能够把你的文章放到我的文字中去呢？

亨利叔叔会告诉你安娜的情况。她看起来恢复得很好。星期六，本来在我们这里，他想请我和查尔斯第二天跟他们共进晚餐，但是我不得不拒绝，我没有力气走那么远（尽管除此之外，我做别的都没什么问题），况且这个季节也不适合驴车出行。因为我们不愿放查尔斯叔叔走，他也拒绝了邀请。星期二，

啊哈！E先生，恐怕今天你在史蒂文顿是见不到亨利叔叔了，我觉得天气情况不允许。请向你父亲转达我和卡桑德拉姑姑的爱，告诉他腌制的黄瓜非常好吃，还要告诉他—"你愿意说什么就说什么"。不，不能随心所欲，你还是告诉他奶奶想让他转告约瑟夫·霍尔支付房租。

你可千万别听够了"叔叔"这个词，我还没说完呢。查尔斯叔叔感谢你母亲的来信，得知包裹已经寄到，他非常高兴，另外他还想求你母亲给斯塔普尔斯太太三个先令，这样可以还清她在那里欠的账。

再会！亲爱的！我希望卡洛琳在你面前表现得还不错。

爱你的，

简·奥斯汀

我不清楚她过了多久才知道自己病情的严重性。承蒙上帝垂怜，疾病没有带给她太多折磨。因此，她才能像上封信中说的那样，告诉朋友除了气力不足以外，"其他方面都好"，她这样说有时也是为了让自己心宽。但是，随着时间的推移，这一年她的病情还是越来越重了。最开始，平日散步的距离越来越短，后来就不出来散步了，再后来就完全依靠驴车出去呼吸新鲜空气。渐渐地，通常的室内活动也终止了，她经常被迫卧床。客厅里只有一只沙发，她七十多岁的老母亲经常躺在上面。即使沙发空着，简也不会躺在沙发上。她会用两三把椅子拼成一个沙发，然后高兴地说这比沙发舒服多了。我们一直猜不透她这样做是为什么，在一个小侄女的一再要求下，她才被迫说出了实情。简说，如果她流露出一点想躺在沙发上的意愿，她的母亲就会把沙发让出来给她躺，那样的话会影响母亲的身体。

不过，可以肯定的是，虽然体力不济，简的头脑并没有受到影响。那年八月中旬，《劝导》一书尚未完稿。在身患重病的情况下，简还是坚持写完了这本书。这充分说明她的判断力和创作力丝毫没有受到疾病的影响。这本书在七月份其实就已经写完了。男女主人公以一种全新的方式在克罗夫特将军的府邸重新订婚，但是简对这一情节设计并不满意，她觉得太单调乏味，渴望写出更好的故事情节。这个想法一直萦绕在她心头，本来身体状况就欠佳，所以压力就更大了。于是，有一天晚上，就寝时，她的情绪异常低落。但是，沮丧不

是她的习惯，所以她很就赶走了这种坏心情。第二天早上醒来，她变得更为乐观，更具灵感，判断力和想象力恢复了。她干脆删掉了不满意的那一章，重新开始，又写了完全不同的两章。所以，我们才读到默斯格罗夫一家访问巴斯，白哈特旅馆内热闹的场景，还有哈维尔上校和安妮·埃利奥特之间精彩的对话，而且还被温特沃斯上校听到，于是这对忠诚的恋人终于理解了彼此的心声。《劝导》的第十章和第十一章，并不是故事的最终结局，但是这是她最后的印刷作品，是她留给读者的最后创作。也许可以说她很少能写出比这更精彩的东西，要不是因为结局设计别具匠心，查尔斯·默斯格罗夫的善良稚嫩，以及他夫人极度自私的形象就不那么饱满了。删掉的那一章，以手稿的形式留下来，肯定比不上后写的那两章。但是删掉的一章也很出色，一些作家和读者也大加赞赏。这一章中也有许多其他作家写不出来的精彩文字，压下没能出版

也算是一种遗憾。

下面这封信是简·奥斯汀写给她的朋友比格小姐的。当时比格小姐和姐姐住在斯特里特姆（Streatham），姐姐嫁给了罗伯特·骚塞的舅舅赫伯特·希尔牧师。推算起来，这封信是简开始创作最后一部作品的前三天写的，这部作品下文还会提到。从信的内容看，简当时还不知道自己病情的严重性。

查顿，1817年1月24日

亲爱的阿莱西亚，我想我应该给你写信了，尽管我觉得该写信的人是你。我希望斯特里特姆的所有人都好，既没有被洪水冲走，也没有因潮湿而患风湿病。要知道，这种温和的天气让我们感觉很爽。虽然我们这里有很多池塘，路对面的草地上还有一条小溪潺潺流淌，但这只不过是起点美化作用，权当谈资而已。今年冬天我的体力恢复了不少，也快痊愈了。我觉得我比以前更了解自己的病情，所以我会多加小心，以免旧病复发。我知道我的病根全是在胆汁上，这样就容易注意如何调理了。我相信，你听到这些肯定会很高兴。爱德华在我们这里待了几天，说他父亲的身体好多了。他能来，而且他父亲能让他来，这本身就能说明他的身体状况不错。他在一天天长大，相貌也更加出众，至少我们当姑姑的是这样认为。我们越来越喜欢他，因为那个好脾气、热心肠的小男孩长成小伙子后性情依然没变。我劝过他给威廉写信，但是他没听我的话。这个季节不适合乘坐驴车，我们家的驴子闲养了很长时间了，我觉得如果再给它们套上车，它们肯定都忘了拉车的技术了。我们套车一次用不了两头驴，想起来真是浪费。我们的新牧师（简的哥哥亨利到了晚年才获得圣职）很快就会来这里，也许星期日还能帮帮帕皮伦先生。第一场布道结束后，我想我会非常高兴的。我们听说，他自然洒脱，泰然自若，仿佛已经习惯了一辈子布道，但是对于我们这些聆听的人简·奥斯汀之墓。

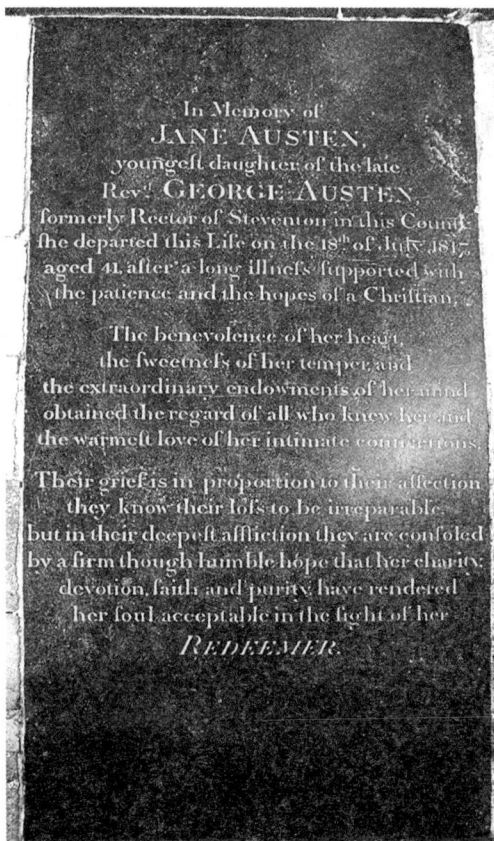

调，但是跟这个作家以前的作品相比，这本书的部分内容更合我的胃口。"序言"—— 我觉得他说的是开场白——写得真美。可怜的人！他满怀深情地描写逝去的子，让人们不禁为他感到悲伤。他完全从悲痛中恢复过来了吗？希尔夫妇了解他的现状吗？

爱你的，

简·奥斯汀

我写这封信的真正目的，是想向你要个配方，但是我原来还想不要这么开门见山的好。我们记得在马尼唐有些优质橘子酒，全部或者主要是用塞维利亚橘子酿造的。如果你能在几个星期内找到这个配方，我将非常感激。

来说，这将是一个令人紧张的时刻。我们知道我们不可能在斯特里特姆和温彻斯特见到你：因为你要走另外一条路，还要拜访两三家人。但是，如果有什么变化，我们会非常欢迎你来……最近，我们一直在读《诗人的滑铁卢朝圣之旅》，总体上很喜欢。你知道众口难

前一天，也就是1月23日，她同样满怀希望地给侄女写了一封信："我感觉比以前有力气了，能够轻松地步行去奥

尔顿，或者步行回来，并不觉得累，我希望夏天的时候能走个来回。"

唉！夏天如期而至，而她却躺在床上生命垂危。3月17日是她手稿上标的最后一个日期，正如溺水者的手表可以表明死者死亡的时间一样，这个最后的日期也标志着简的大脑已经不允许她再像往常一样写作了。

在此我最好直接引用简的侄女的话，我对她提供简的生活和性格的个人记录深表谢意。她是这样写的："我不知道她的病情是从什么时候开始恶化的。我是到了三月份才意识到姑姑病得很严重。我们已经决定，三月末或者四月初，我要自己去查顿待几天。当时，我父母正帮利·佩罗特太太料理她丈夫的后事。但是，简姑姑病得很严重，无法让我住在她家里，所以我就去了姐姐勒弗罗伊太太在怀亚兹的家。第二天，我们步行去了查顿，想看望姑姑，询问一下情况。此时，她正因病待在房间里

休息，但是说想见我们，于是我们就上楼找她。她穿着晨衣，像残疾人一样坐在扶手椅里，不过她还是站起身，和蔼地跟我们打招呼，指着壁炉旁给我们放好的座椅说：'结了婚的坐那把椅子，你坐小凳子，卡洛琳。'很奇怪，我现在能记住的就是姑姑说的这句话，她们后来又说了什么，我一点儿也想不起来了。姑姑的身体状况令我震惊。她面色苍白，声音微弱，给人的整体感觉是虚弱不堪。但是，有人曾跟我说，姑姑实际上没有经历太多疼痛。可是，她跟我们说话都很费力，我们在她房间没待多久，卡桑德拉姑姑就送我们出来了。我感觉我们待了不到一刻钟。从那以后，我就再也没见过简姑姑。"

1817年5月，简听劝去了温彻斯特，寻求莱福德医生的治疗建议。莱福德家族医术高超，在温彻斯特他家的好几代人都是名声赫赫。给简看病的这位莱福德先生不仅在当地享有盛誉，伦敦的著名医生都信得过他。他说的话让人觉得

充满希望，更何况他的工作也不是让病人的希望破灭。可是，我相信他从最初就对根治姑姑的病没抱什么希望。这次出门就医，大家已经尽了最大努力，因此也得到心理安慰，而且医生的高超医术也为姑姑减轻了痛苦。

简和姐姐卡桑德拉寄宿在学院大街。她们有两位住在克洛斯大教堂的热心朋友，分别是希思科特夫人和比格小姐，她们俩分别是赫斯利现任爵士威廉·希思科特的母亲和姨妈。几十年来，她们家和我们家的关系一直很密切。简和姐姐在温彻斯特期间情绪低落，这两位朋友便竭尽所能地让她们心情舒畅一些，不仅去陪伴她们，还提供出租房里没有的各种便利。在此寄宿不久，简就给侄子写了下面这封信。唉！这个时候，她的书法不再像过去那样刚劲有力、清晰易读了。

温顿市学院大街戴维夫人寓所

5月27日，星期二

最亲爱的E，我生病期间，你给予我真切的关注，我最好的感谢方式莫过于尽快亲口告诉你我正日渐康复。我不会吹嘘自己的书法；不论书法还是脸色，都没有恢复到最佳状态，但是我越来越有力气。现在，我可以从早上九点到晚上十点一直不必卧床——其实我是在沙发上，但是我能和卡桑德拉姑姑一起正常吃饭了，而且我还可以做点事，能够从一个房间走到另一个房间。莱福德医生说他会给我治好病的；如果治不好，我就起草一份悼词，放在教长和牧师会面前，不过毫无疑问，那帮虔诚、有学问但内心冷漠的家伙，会修改我的悼词。我们的住所非常舒服。有一间整洁的小起居室，透过拱形的窗户可以俯瞰加贝尔博士的花园。感谢你父母好心借给我马车用，所以星期六赶到这里几乎没有感觉到累。如果那天天气好的话，我想我就丝毫也不会觉得累了。只是看到亨利叔叔和威廉·奈特差不多一整天都冒着雨骑马送我们，实在让我心里感到忐忑不安。估计他们俩明天会来，希望他们能在这里住一晚。星期四，是坚振礼，也是节日，我们打算叫上查尔斯一起出去吃饭。他只来看过我们一次，可怜的家伙！现在他住在病房里，不过他希望今晚可以出来。我们每天都能看到希思科特夫人，她的儿子威廉很快也会来看望我们。上帝保佑你，我亲爱的E。如果有一天你生病了，但愿你能受到像我一样的悉心照顾。希望关心你、同情你的朋友让你同样感到安慰；希望你会拥有众人最美好的祝福，而且我敢说你会的，因为我清楚你配得上他们的爱。我过去并没有意识到这一点。

你慈爱的姑姑，

简·奥斯汀

下面节选的这封信以前曾经出版

过，是在上一封信后不久写的。信中同样流露出谦逊和感激：

我只想再说一点，我最亲爱的姐姐不辞辛劳、细心体贴地照顾我，希望她没有因为劳累而生病。我亏欠她的，还有我生病期间让家人焦虑，以及他们对我的关心，我感激涕零，祈求上帝多多保佑他们。

简在生病期间，一直由姐姐照顾，她嫂子——也就是我母亲——也经常会帮忙。简去世时，她们两人都陪在她身旁。她的两个牧师兄长，都住在温彻斯特附近，所以常常来看望她，临终时为她举行了基督徒的安葬仪式。简的信件，字里行间充满了希望，毫不畏惧疾病，但是她完全清楚自己已经病入膏肓。的确，生活中有太多值得她留恋的东西。她在家里生活得幸福快乐；她开始对自己的成功充满信心；而且毫无疑问，她能够发挥自己的天赋，本身就乐在其中。我们有理由相信，她肯定愿意多活些时日，不过她也已经做好了迎接死亡的准备，而且无怨无悔。她是一位谦恭、虔诚的基督徒。她一生都热爱做家务，重视培养家庭情感，从不追逐私利或者他人的赞誉。仿佛本能一样，她总是想方设法让身边的人生活得快乐。无疑，她也得到了回报，在生命的最后几天里，她非常安详。她脾气温和，常替照顾她的人着想，而且对他们心怀感激。有时，她感觉病情有所好转，便开始跟他们开玩笑，甚至在他们难过的时候逗他们开心。有一次，她意识到自己即将离世，便对身边的人说了自己想出的临终遗言，并且特别感谢嫂子的陪伴。她说："玛丽，你一直都是我的好姐姐。"当死亡即将来临时，她眼看就要不省人事，大家忙问她还有什么话要说，她的回答是："但求一死。"这是她的临终遗言。1817年7月18日上午，她在平静安详中撒手人寰。

7月24日，简安葬在了温彻斯特大教堂。坟墓位于靠近北边过道的中间位置，几乎正对着威克姆的威廉（1320—1404，曾经担任温彻斯特大教堂的主教）那座漂亮的礼拜堂陵墓。人行道上立着一块很大的黑色大理石，标明这里是简的坟墓。只有她自己的家人参加了葬礼。之后，她的姐姐卡桑德拉回到了自己凄凉的家，此后的十年，她细心照顾年迈的母亲，同时经常怀念去世的妹妹，直到多年后与她去了同一个世界。简的兄弟们也满怀悲伤，回到了各自的家。他们非常喜欢简，并且以她为骄傲。他们折服于她的杰出才华、高贵品德和迷人风采。后来，他们每个人都会不自觉地从自己的侄女或者女儿身上寻找简的影子，不过从未指望谁能与她相媲美。

图书在版编目（CIP）数据

简·奥斯汀传：嫁给文字的女人／（英）奥斯汀（Austen,J.）
著；岳玉庆译.—南昌：江西教育出版社，2014.12
（了如指掌·人物馆）
ISBN 978-7-5392-7246-7

Ⅰ.①简… Ⅱ.①奥… ②岳… Ⅲ.①奥斯汀，J.
（1775～1817）—传记 Ⅳ.①K835.615.6

中国版本图书馆CIP数据核字（2013）第284399号

简·奥斯汀传：嫁给文字的女人

JIANAOSITING ZHUAN：JIAGEI WENZI DE NVREN

作者：（英）詹姆斯·爱德华·奥斯汀-利
译者：岳玉庆

出 品 人：廖晓勇
策 划：周建森
组稿编辑：万 哲
责任编辑：万 哲
特约编辑：丁纪红
装帧设计：了如指掌创意馆

出版：江西教育出版社
发行：江西教育出版社
社址：南昌市抚河北路291号
邮编：330008
开本：787mm×1092mm 1/16
印张：10.25
字数：130千字
版次：2014年12月第1版
印次：2014年12月第1次印刷
印刷：北京毅峰迅捷印刷有限公司
书号：ISBN 978-7-5392-7246
定价：28.80元

如有印装质量问题
6710427（北
权登字—0
所有

了如指掌

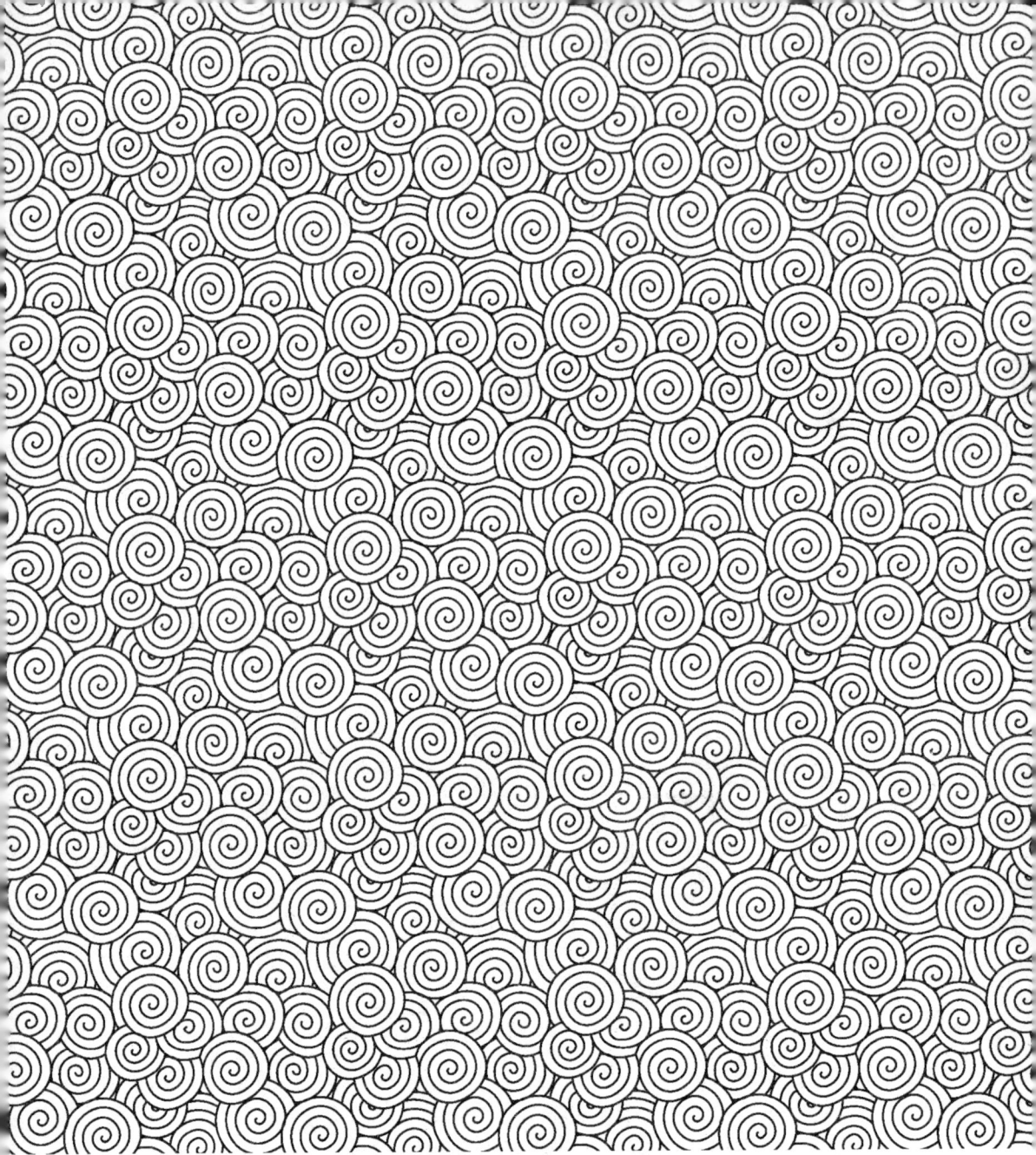